Mich...
ROCKY, der

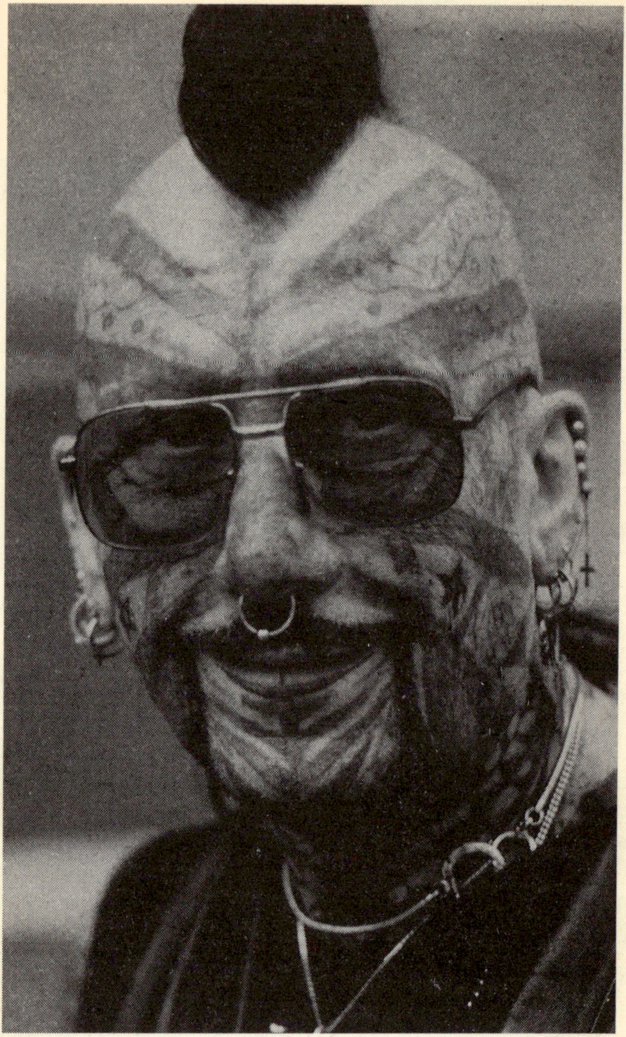

Michael Ackermann

ROCKY,
der Mann mit der Maske

R. BROCKHAUS

R. Brockhaus Taschenbuch Bd. 812

Für Kirsten

10. Auflage 1992

© 1987 R. Brockhaus Verlag Wuppertal
Umschlaggestaltung: Carsten Buschke, Solingen
Umschlagzeichnung und die Zeichnung auf S. 89:
Christine Böer, Hamburg.
Die Fotos auf S. 40: Plattencover von Telefunken; S. 45:
Teldec Relations Presseabteilung Hamburg 19; S. 61:
Ilse Ruppert, Hamburg 36; alle übrigen Abbildungen sind
Privatfotos, die uns der Verfasser zur Verfügung stellte.
Gesamtherstellung: Breklumer Druckerei Manfred Siegel KG
ISBN 3-417-20812-2

INHALT

1. Die Weichen sind gestellt
Wie bei Preußens 9
Als Nazikind im roten Wedding 10
Der Musterschüler 11
Der Haß bekommt ein Ziel 12
Nichts als weg – zum Militär... 13
... in Krieg und Gefangenschaft 14
... und dann doch noch Liebe 15

2. Ein Versuch zu leben – mißglückt
Fluchthelfer – ohne Chance 17
Lebenslänglich 18
Einer unter vielen 20
Die Mutter stirbt 20
Zuchthauslehren 23
Das Ende der Hoffnung 24

3. Ein neuer Versuch 26
– und neue Erfahrungen 27
Die christlichen Versager 28
Ein Doppelleben beginnt 29
Der Ausstieg 30

4. In Satans Bann
Die Maske 31
Der Rocker schlägt zurück 31
»... aus Satans Kraft« 33
Rocky, der Irokese 34
Ein Mann der Gewalt 35

5. Der Abschied von der Gewalt
»Alle Christen sind Heuchler« 37
»Falsche Instrumente« 38
Kurt und der NDR 38
»Schluß mit 'm Stuß« 39

6. Hinter der perfekten Maske – im Showgeschäft 1976–85

Vermarktet	43
Abhängig zum Nulltarif	44
Und weiter allein auf der Welt	46
Der Exhibitionist	47
Götterhämmerung	48

7. Umkehr zum Lebendigen: Juni–September 1985

Bleib stehen!	50
Die neue Verwandlung	52
Angenommen	54
Ein neues Zuhause	55
Eine neue Familie	56
Ein neuer Mensch	57

8. Beziehungsfragen

8. Beziehungsfragen	59
Auch die andern ändern sich	60
Er befreit aus allen Ängsten	62
Rocky ist tot	64

9. Der Gerettete hilft retten

Wieder im Krankenhaus – und doch ganz anders!	67
Die Wohngemeinschaft	68
Sie brauchen kein Sidol	69
Zweimal Bernd	70
Schüler wundern sich	73
Masken	74
Schülereindrücke	77
Im alten Milieu	78
Das Festival	79
Sterbenskrank im Dienst	83
Elli Pirelli u.a.	84

10. Hilfe für Helfende – an Stelle eines Nachworts

Umgang mit Maskenträgern	87
Eine Anfrage an Jünger	88
Die Voraussetzungen	90
Stimmt das Bild?	92
Radikalkur und Gnade	92
11. Daheim – Februar 1987	94

Sonntagmorgen, 7.00 Uhr auf dem Hamburger Fischmarkt.

Mitten im Gedränge erscheint ein exotisches Gesicht, mehrfarbig und fast ganzflächig tätowiert.

In den Ohren stecken diverse Ringe und sogar der sprichwörtliche Ring durch die Nase fehlt nicht. Das ganze wird gekrönt vom Irokesenhaarschnitt, der seinem Besitzer den Namen gegeben hat.

Dann gibt die Menge den Blick auf die ganze Person frei: Auf ROCKY, DEN IROKESEN.

Die Marktbesucher wissen nicht so recht, was sie von dieser in nietenbeschlagenes Leder gekleideten Type zu halten haben. Nur ein älterer Herr mit Fotoapparat wagte sich vor:

»Darf ich mal 'ne Aufnahme von Ihnen machen?«

Seine Frau ist vorsichtiger:

»Laß uns gehen, bevor es zu spät ist!«

Und da geht ROCKY auch schon auf die beiden zu:

»Klar dürfen Sie 'n Foto machen.«

»Siehste«, sagte der Mann, »ist doch'n ganz netter Kerl...«

Recht hat er.*

Inzwischen hat Rocky, der Irokese von St. Pauli, seine alte Ledermontur abgelegt. Kaum einer weiß, warum – wieso, doch alle spüren, daß da etwas geschehen sein muß. Seine alte Lederjacke, seine Ketten waren ja nicht nur Sinnbild für Gewalt und Brutalität – sie waren auch sein Markenzeichen. Überall in Hamburg – und nicht nur dort – kannte man Rockys Jacke mit den langen Fransen und Hunderten

---

* Zitiert aus: TELDEC »TELEFUNKEN-DECCA« Schallplatten-Gesellschaft mbH. Presse-Abteilung Pop, Heußweg 25, 2000 Hamburg 19

von Straßsteinen, zumal auf dem Kiez in St. Pauli, wo sich ein Großteil seines Lebens abspielte.

Er hat diese alte Jacke Hans gegeben, der jede Samstagnacht mit Prostituierten und Zuhältern spricht und der auch auf Rockys Weg einen »Meilenstein« darstellt. Hans trägt sie als milieugerechte »Gesprächseinstiegshilfe« für Menschen in der berüchtigten Herbertstraße und in den umliegenden Discos des Hamburger Amüsierviertels.

Rockys dazugehörige Kampfstiefel sind Hans zu groß. Er geht deshalb – erstmals in besagter Jacke – in ein entsprechendes Schuhgeschäft, um sich das passende Schuhzeug zu besorgen und so – frei nach Paulus – dem St. Paulianer ein St. Paulianer zu werden.

Er steht noch in der Eingangstür, mit dem Blick auf Rockys Konterfei, das wie in vielen solchen Läden auch hier an der Wand hängt, als eine der Verkäuferinnen staunend feststellt: »Das ist doch Rockys Jacke!«

»Was ist denn mit ihm los?« fragt ein Kunde.

»ROCKY IST TOT«, entgegnet Hans.

Erschüttert reagieren Verkäuferinnen und Kunden: »Das haben wir schon lange befürchtet ... Er war einer der Besten von uns ... Er war immer bei uns – und nun ist er tot!«

In diese teilweise sentimental aufgetragene Trauerstimmung fällt Hans ein: »Aber *Gerhard lebt* – ist auferstanden!«

Alle, die um ihn herumstehen, schauen ihn an wie einen, der geradewegs vom Mond kommt oder aus dem Irrenhaus – betrunken konnte er nicht sein.

Daß dieser Mann in Rockys Jacke recht hat, erleben sie, als einige Wochen später Gerhard Bauer wieder über die Reeperbahn stolziert ...

1. Die Weichen sind gestellt

Wie bei Preußens

Es ist richtig: Gerhard Bauer heißt er eigentlich. Am 26.11.1926 wird er als einziges Kind einer traditionsreichen Potsdamer Soldatenfamilie geboren. Beim gradlinig-nüchternen Vater – er ist höherer Beamter beim Statistischen Reichsamt – gelten nur Träger von Uniformen etwas. Für ihn beginnt der Mensch beim Offizier. Er ist stets korrekt, preußisch, verschlossen, ein Mensch ohne jede Regung: Die Blumen für die Mutter müssen in den Aktenkoffer passen, denn wer einen Blumenstrauß in die Hand nimmt, der zeigt zwangsläufig Gefühle. Der Vater zeigt keine.

Gerhard leidet unter dem Vater. Er selbst ist eher sensibel. Er will lustig und traurig sein dürfen, will Gefühle zeigen – enttäuscht kanzelt der Vater das Söhnchen ab: »Aus dir wird sowieso kein Soldat« – was aus dem Mund des Vaters soviel bedeutet wie: Aus dir wird nie ein richtiger Mensch.

Um wenigstens ein bißchen Liebe zu ergattern, übernimmt Gerhard den Ordnungsfanatismus des Vaters: Das Zimmer ist immer tadellos aufgeräumt. Bald müssen auch die eigenen Bleistifte in Reih und Glied stehen. »Ich hab immer auf den Moment gewartet, wo Mutter die Rosinen in Reih und Glied in den Kuchen backen mußte.« Aber darauf wartete er vergebens.

Die Folgen dieser Erziehung sind unverkennbar. Selbst heute noch haftet ihm etwas »Preußisches« an. Obwohl er schwer krank ist, spaziert er im Paradeschritt durch Hamburg-Altona und St. Pauli. Auf Höflichkeitsformen achtet er zeitlebens peinlich genau. Das steckt mittlerweile im Blut. Um ehrlich zu sein: Es gab Zeiten, in denen er ganz gegen alle guten Sitten lebte. Doch davon später.

Als Nazikind im roten Wedding

Die freiere, aber auch politisch unsichere Zeit nach dem 1. Weltkrieg, die goldenen Jahre des Jazz und Swing lassen Gerhards Vater die Flucht nach »hinten« antreten: Er wird frühzeitig Mitglied der NSDAP und trägt das Goldene Parteiabzeichen – ein Fremdkörper im roten Wedding, wo Gerhard heranwächst. So isoliert ihn nicht nur die strenge Erziehung des Vaters; als Nazikind darf er auch nicht mit gleichaltrigen Kindern der meist sozialdemokratischen oder kommunistischen Nachbarn spielen. Er hat kaum Umgang mit Kindern, vereinsamt früh, baut sich eine eigene abgeschlossene Traumwelt zurecht, die nur ihm gehört, von der keiner etwas ahnt.

Zu Hause fühlt er sich eingesperrt, eingeschlossen in einen goldenen Käfig. Es fehlt ihm an nichts, nur an der offenen Tür.

Wenn die Kinder draußen schreien, heißt es bei Bauers: »Du bleibst hier!« Wenn die Tippelbrüder an der Tür klingeln und der Vater ihnen sein »Faule Bande!« nachruft, denkt der Sohn: »Aber sie sind frei«. Randexistenzen, Außenseiter aller Couleur – könnte man doch mit ihnen ziehen! Gerhard beginnt, in entgegengesetzten Extremen zu denken.

Doch die Mutter, sie hat er immer verehrt. Er leidet mit ihr unter dem Unglück dieser Ehe mit dem gefühllosen Vater. Er sieht hinter die Fassade, mit der die Eltern bürgerliche Eheharmonie vortäuschen wollen. Der sogenannte

Gute Ton hält sie noch zusammen, sonst nichts. Nein, um alles in der Welt – keine Scheidung!

Sie hat ja den Jungen. An ihn verschwendet sie ihre ganze Liebe. Doch daran entzündet sich immer wieder der Streit der Eltern. Sie verweichliche ihn, kritisiert der Vater. Gelobt sei, was hart macht.

Die Mutter kann solche Härte nicht loben. Ihr bringt sie nur Leid. Anerkennung findet sie in ihrem Beruf als selbständige Schneidermeisterin. Sie leitet eine Damenschneiderei mit fünfzehn Angestellten, was für eine Frau in jenen Jahren selten ist. Gerhard kennt sie nur perfekt gekleidet, wie er auch den Vater nie ohne Krawatte gesehen hat.

Amt und Partei bestimmen auch das Familienleben. Der christliche Glaube spielt in Gerhards Elternhaus keine Rolle. Der Vater hat nie eine Kirche betreten, und die Mutter besucht nur an den hohen Feiertagen einen Gottesdienst – aus »guter« Tradition, wie sie sagt.

Der Musterschüler

1932 bringt sie Gerhard in die »35. Berliner Volksschule«. Er hat furchtbare Angst vor der plötzlichen Gemeinschaft mit anderen Kindern. Er ist viel zu scheu. Und wenn er sich zu Hause beklagt, daß er wieder einmal verhauen wurde, bekommt er vom Vater noch eins obendrauf. So wird er zwangsläufig zum einsamen »Musterschüler«. Im »Betragen« bringt er stets eine Eins nach Hause, was äußerst wichtig ist, denn die Noten in »Betragen«, »Aufmerksamkeit« und »Fleiß« sind den Eltern wichtiger als alle anderen Noten zusammen. Also stellt Gerhard der Lehrerin die ersten Maiglöckchen, den ersten Flieder, die ersten Rosen aufs Pult. Wenn die anderen ihre Streiche vorbereiten, verläßt er »empört« das Klassenzimmer. (Gerhard heute: »Mein Betragen war in Ordnung, weil ich frühzeitig gelernt hatte, einen aufzusetzen« – das heißt: Masken zu tragen.) Mit sieben Jahren wird er dann auch konsequenterweise zum Prügelknaben seiner Klasse. Freundschaften muß er sich erkaufen, weil er nie gelernt hat, echte Beziehungen zu knüpfen. Dabei gelangt er allerdings auch zu der frühen Erkenntnis, daß nur wenige Menschen nicht käuflich sind. Eine schlimme Erkenntnis für ein Kind.

Gerhard ist todunglücklich. Er beneidet die Kinder, die mit sechs Geschwistern draußen im Dreck spielen und Streiche aushecken können. Später erfährt er, daß auch die ihn beneiden: »Der hat alles – der kriegt alles – ein feiner Pinkel!«

Der Haß bekommt ein Ziel

Gerhard kommt gerade in die 2. Klasse, als deutsche Schwerindustrielle und die Großagrarier Hitler an die Macht katapultieren: Für die Nazifamilie Bauer ist dies ein Sieg, den man auch gern zeigt, sooft es geht: Die Fahnen weh'n! So isoliert man auch lebt – man gehört doch dazu. Das ist was wert!

Während die Massen draußen Kohldampf schieben – sechs Millionen Arbeitslose liegen auf der Straße –, schmückt Gerhard täglich das im Wohnzimmer angebrachte Bild des »Führers« mit frischen Blumen. Doch auch dies muß er in der zweiten Klasse schon erkennen: Es hat keinen Sinn, runter auf die Straße zu gehen: Die anderen Kinder wollen ihn nun nicht mehr. Auch nicht seine Geschenke. Mit einem Sohn aus so einer Familie wollten die nichts zu tun haben.

Bald verschwinden die sozialdemokratischen und kommunistischen Eltern jener Kinder in den Konzentrationslagern.

Das war in den ersten Jahren der braunen Diktatur.

In Bauers Nachbarhaus ist der Hauswirt Jude. Gerhard schlägt dessen Tochter wiederholt blutig, läßt seine angestaute, ohnmächtige Wut an dem Mädchen aus. Als die Mutter des kleinen Mädchens Gerhard aus Angst zugesteht, seinem Vater nichts davon zu sagen, überkommt ihn für einen Moment noch so etwas wie Scham. Es ist aber gerade der Vater, der ihn in den kommenden Jahren auf diese Weise weiteragieren läßt ...

Nichts als weg – zum Militär ...

Doch Gerhard will sich diesem Vater entziehen. Er will weg, möglichst bald von Zuhause ausbrechen. »Hauptsache raus!«

Er ist fünfzehn, als er die Schule verläßt, um eine kaufmännische Lehre bei der »Berliner Börsenzeitung« zu beginnen. »Egal, was«, denkt er; er will eigentlich Schornsteinfeger werden, um nicht länger der Pedanterie des Vaters ausgesetzt zu sein.

Im Börsenverlag ist Gerhards Onkel Prokurist, und somit steht der Lehrling wieder unter der mittelbaren Kontrolle der Eltern. Als Protegé des Onkels bleibt er auch hier Einzelgänger; die anderen Lehrlinge schneiden ihn. Es ist aber gerade dieser Onkel, der Gerhard 1943 auf die Idee bringt, sich nach drei Monaten Arbeitsdienst mit 17 Jahren freiwillig zum Militärdienst zu melden. Er wird Soldat zu einem Zeitpunkt, wo niemand mehr an einen Sieg der Hitlerarmeen glaubt. Er kommt zur Infanterie nach Landsberg an der Warthe.

Mit dem Tragen der Uniform will er »seinem Vater Abbitte tun«. Die Uniform verbindet und stärkt zudem Gerhards unterentwickeltes Selbstwertgefühl. Militärdienst wird zur eingebildeten Freiheit. In der Kameraderie der Wehrmacht hat er zum ersten Mal das Gefühl, nicht mehr allein zu sein; er gehört zu ihnen, wenn auch nur als kleines Rädchen einer Todesmaschinerie.

Aber es gelingt ihm auch hier nicht, aus den Verhaltensmustern seiner Kindheit auszusteigen. Durch »Radfahren« (nach oben buckeln, nach unten treten) gelangt er wieder zu einem Sonderposten: zur Ordonnanz, als Schuhputzer der Offizierskaste, obwohl er im Grunde seines Herzens, wie er sagt, »lieber bei den Kumpels in der Scheiße gelegen hätte«.

Auch als er schließlich drin liegt, ist er allein: Im besetzten Osten gerät er in Hinterhalte. Angst und Orientierungslosigkeit packen ihn. Kein Ausweg aus Einsamkeit und Todesdrohung. Gott? Er kennt ihn nicht. Niemand aus seiner Umgebung rechnete ernsthaft mit Gott:

»Der Perlentaucher weiß, wonach er taucht«, sagt er heute nachdenklich. »Der Goldschürfer weiß, wonach er gräbt. Ich kann nur nach dem fragen, wovon ich eine Vorstellung habe. Und die ›Christen‹, die ich kannte, zeigten mir sehr deutlich, daß ihr ›Glaube‹ mit ihrem Leben nichts zu tun hatte, und leben wollte ich ja gerade.«

... in Krieg und Gefangenschaft

Im Krieg lernt Gerhard die Gewalt als Mittel zur Konfliktlösung vorbehaltlos zu akzeptieren. Dennoch scheut er es –

auch später als Rocker –, ausgesprochene Mordwaffen zu tragen. Er wird auf Messer und Kette schwören, weil man damit »nicht zwangsläufig tötet; so etwas wie eine letzte Bremse funktioniert noch«.

Bis in die letzten Kriegstage hinein war er – wie viele junge Leute – mitgerissen vom massenpsychologisch geschickt aufgeputschten Fanatismus der Nazis: »Führer befiel – wir folgen!«

Er ist neunzehn, als er in amerikanische Kriegsgefangenschaft gerät, und zwanzig, als er 1946 entlassen wird – nach Hause, nach Berlin, in den Französischen Sektor der Stadt.

Der Vater war schon im Mai 1945 von den Russen erschossen worden – bis zum Schluß ein gefühlloser Anbeter der Härte, ohne jede Reue. Die Mutter hatte das Haus an die Franzosen abgeben müssen, darf aber in einer kleinen Mansardenwohnung weiterhin wohnen bleiben. Daß die Mutter überlebte, macht ihn dankbar, empfindet er als Glück.

... und dann doch noch Liebe

Ins Souterrain zieht die Familie eines antifaschistischen Widerstandskämpfers mit der 18jährigen Tochter. In ihr begegnet Gerhard seiner ersten großen Liebe.

Diese zarte Verbindung weist geradezu zeichenhaft auf die Möglichkeit hin, die tiefen, haßerfüllten Gräben der Nazizeit zu überwinden und den Riß, der ja schon vor 1945 durch das ganze deutsche Volk ging, zu heilen. Beide Liebenden fühlen sich von den Eltern unverstanden, räumen gemeinsam die Trümmer Berlins und ihrer Seelen auf, hungern gemeinsam. Letztlich ist ihr Zusammensein auch ein Stück Trotz gegen die Eltern und das den Jungen aufgezwungene Nachkriegselend, aber auch Ausdruck eines tiefen Bedürfnisses, in einer eigenen Familie alles besser zu machen. Auf den Trümmern der Zeit bauen sie gemeinsame Traumschlösser von einem freieren Leben. Sie verloben sich. Eine Tochter wird geboren. Gerhards Braut arbeitet als Verkäuferin, er selbst wird arbeitslos, gerät wiederum in Abhängigkeiten, diesmal von den angehenden Schwiegereltern. Um endlich frei zu werden, wird er Fluchthelfer in der Sowjetischen Besatzungszone, von den Franzosen bezahlt, ein lebensgefährlicher Job im beginnenden Kalten Krieg zwischen Ost und West.

Von Freiheit keine Spur. Die Abhängigkeit ist größer als je zuvor.

2. Ein Versuch zu leben – mißglückt

Fluchthelfer – ohne Chance

Die Franzosen machen Gerhard vage Versprechungen, er werde das elterliche Haus zurückerhalten, wenn er nur »gute« Arbeit für sie leiste. Gerhard akzeptiert, nicht zuletzt, um damit auch die Schuld des Nazivaters zu tilgen. Er soll Facharbeiter aus dem Erzbergbau der »Ostzone« nach Westberlin schleusen. Ostdeutschland sollte wirtschaftlich ausgehungert werden, indem man ihm das »gesunde Menschenmaterial« (= offizieller Jargon) entzog. Infolge der scharfen Kontrollen im Bergbau würde man es

Kein Preuße und kein Preußen mehr – es lebt sich anders in den fünfziger Jahren

mit nachweislich robusten und gesunden Leuten zu tun haben. Daß es den Franzosen letztlich nur um Nachschub für ihre Fremdenlegion ging, verschwiegen sie wohlweislich.

Und so marschiert Gerhard, getarnt als interessierter Tourist, in die »Ostzone«, wo er vom »goldenen Westen« schwärmt und Menschen per Zug nach Westberlin bringt. Nach einigen Monaten fliegt er auf. Ein ihm bekannter Westberliner, der in den Osten übergewechselt war, hat ihn schon eine Weile beobachtet. Kurz vor dem Sektorenübergang hält ihn ein russischer Soldat an:

»Du Moment mitkommen!«

Aus diesem Moment wird die Ewigkeit von achteinhalb Jahren Arbeitslager.

Er kommt in Untersuchungshaft. Es gibt keinen öffentlichen Prozeß. Die Verhöre finden jede Nacht von 22.00 bis 5.00 morgens statt, so daß er bald völlig übermüdet und entkräftet ist. Von der Decke des Verhörraumes hängt ein Eisenhaken: »Wenn du nicht mehr willst, kannst du dich ja aufhängen«, zischt einer der verhörenden Kommissare.

Zynismus der Gewalt.

Lebenslänglich

Außer dem Wachpersonal sieht Gerhard wochenlang keinen Menschen. Es herrscht Isolationsfolter. Selbst die Hofgänge finden in Boxen statt, so daß niemand seine Mitgefangenen sehen kann. Nach einigen Monaten fällt ein sowjetisches Militärgericht ein Urteil, das schon lange vorher feststand:

»Arbeitslager – lebenslänglich.«

»Da bin ich das erste Mal gestorben«, sagt er. Später sollten noch mehrere Tode folgen.

Russische Wachposten scheren ihm den Kopf. Diese Prozedur wird sich in den kommenden Jahren alle vier Wochen wiederholen. Während des darauffolgenden Duschens werden den Strafgefangenen alle Sachen weggenommen. Sie erhalten dafür ausgediente russische Uniformen. Auf offenen LKWs fährt man sie schließlich durch die Straßen von Chemnitz (Karl-Marx-Stadt) und weiter nach Bautzen. Die Bevölkerung, die diese Transporte sieht, jubelt, weil sie aufgrund der Uniformen der Sträflinge annimmt, daß jetzt auch die Russen zur Rechenschaft gezogen und eingesperrt werden.

Welcher Irrtum!

Das Lager Bautzen ist ein gelber Backsteinbau. Seine Insassen nennen ihn »Das gelbe Elend«. Gegenüber dem »Elend« befindet sich der sogenannte »Karnickelberg«, der Gefängnisfriedhof, wo jeden Morgen mindestens zehn Häftlingsleichen auf Karren hingebracht werden. Die Säle, etwa doppelt so groß wie ein Klassenzimmer, sind mit jeweils 400 Mann belegt. Strohsack neben Strohsack in zwei Etagen. Wer nachts zur Toilette muß, verliert seinen Schlafplatz.

Monatelang erhalten die Gefangenen keine richtige Arbeit. Jede sinnvolle Tätigkeit hätte ja auch den Menschen aufgebaut, hätte ihn ein wenig Mensch sein lassen.

In dieser sinnlosen, ausweglosen Monotonie fangen die Gefangenen an, sich gegenseitig auf primitive Weise zu tätowieren, einige am ganzen Körper. Gerhard läßt sich zwei Schlangen ins Gesicht tätowieren mit dem Schriftzug: »Gewalt und Rache« – es sollte sein Lebensmotto für Jahrzehnte werden.

Tätowiert sein heißt für die Strafgefangenen, gezeichnet sein. Sie tun es bewußt, weil sie mit ihrem Leben abgeschlossen haben.

Aber es gibt Schlimmeres als Bautzen. Immer wieder werden Häftlinge auf Deportationszüge geladen, die nach Sibirien gehen.

Einer unter vielen

Bautzen macht Menschen gleich. Aufgereiht, Sack an Sack, Brett an Brett, liegen hier hohe Wehrmachtsoffiziere (z.B. Heinz von Unruh) neben Ballettänzern, Opernsängern, Handwerkern, Beamten. Die Älteren trösten die Jüngeren. Was dem Gefangenen an menschlicher Geborgenheit bleibt, sucht er in den Armen eines Mitgefangenen. Bei ihm liegen, sich für einen Moment verstanden wissen, das tut gut. Als Begleiterscheinung kommt es nachts leicht zu homosexuellen Handlungen, denn innerhalb der Mauern des Straflagers zählen keine normalen Maßstäbe mehr.

»Da gibt es dann auf einmal jemand, der dich tröstet, der dir die Tränen abwischt, der dir ein Stück Brot oder ein Stück Decke abgibt. Ich hab in dem Moment nicht mehr an die Schande der Homosexualität gedacht...«, gesteht er.

Die Mutter stirbt

Nach einem Jahr dürfen die Gefangenen das erste Mal nach Hause schreiben. Gerhard gibt seiner Mutter sein Schicksal bekannt, was er bis heute bereut. Vier Monate später wird er zum russischen General bestellt und darf dort, wo alle nur strammzustehen haben, im Sessel Platz nehmen und eine Zigarette rauchen: Der General teilt ihm mit, daß seine Mutter zwei Monate nach der Nachricht aus

Bautzen einem Schlaganfall erlegen ist. Während er dies erfährt, ist die Mutter bereits begraben.

Er weiß nicht, wie er mit dieser Nachricht fertigwerden soll.

Seine zweite Postkarte geht an die Braut. Er will von sich aus die Verlobung lösen; sie soll nicht fünfundzwanzig Jahre auf ihn warten müssen, sondern »ihr Leben nutzen«. Sie schreibt zurück, daß sie sich weiterhin gebunden fühlt, was ihn stärkt und zugleich belastet. Nach seiner Mutter will er nicht noch einen zweiten geliebten Menschen unglücklich machen ...

Die Jahre vergehen wie im Schneckentempo. Gerhard wird schwer krank: Lungen-Tuberkulose. Im Krankenrevier gibt es weder Medikamente noch ärztliches Fachpersonal, nur einige Sträflinge, die – mit nichts in den Händen – anderen helfen wollen. Hier in der Krankenbaracke fängt er an, Gedichte zu schreiben, um nicht ganz kaputt zu gehen. Erneut tritt er die Flucht in eine geistige Welt an, die nur ihm gehört. Lyrik, das ist der reine, vielleicht einzige rettende Ausdruck des eigenen Gefühls, ähnlich der präzise verabreichten Ohrfeige gegen den Peiniger.

Die folgenden zwei Gedichte sind nicht zuletzt seltene Dokumente einer Lager-Literatur aus der DDR, entstanden um 1953:

Menschen hinter Mauern und Stacheldraht

Menschen hinter Mauern und Stacheldraht,
vom Schicksal schwer getroffen,
Krankheit an ihren Körpern nagt.
Sie aber harren und hoffen.

Sie sehen keine Blume blühn,
sie hören keine Kinder lachen.
Jahre, sinn- und nutzlos entfliehn.
Wann kommt das große Erwachen?

Rechtlos verurteilt, sie schmachten,
schwer ist ihr jetziges Los;
die meisten verlernen das Lachen,
weil ihre Leiden zu groß.

Und dennoch bleiben sie tapfer.
Sie hoffen auf Freiheit und Glück.
Sie sind die blutigen Opfer
der Stalinschen Politik.

Nicht lange mehr braucht ihr zu trauern,
das Rad der Geschichte sich dreht,
bald fallen Schranken und Mauern
und werden vom Winde verweht ...

Ihr Henker von Kremls Gnaden
übt endlich Humanität!
Erfüllt das Hoffen und Ahnen;
seid menschlich, eh es zu spät.

Dieser letzte, nahezu quälende Überlebenswille hilft ihm weiterzuleben. Er versucht es, als seien die nicht enden wollenden Finsternisse nie gewesen.

Getrieben von tiefer Verzweiflung schreibt er schließlich ein »Gedicht gegen Gott«, wie er heute unter Tränen bekennt:

Leben, wozu denn noch?
Leben in Pein;
schuldig an Not und Joch
ist der Mensch allein.

Menschen sich selber zum Spott
beten um Gnad,
doch da hilft kein Gott,
nur Menschentat.

Aber etwas Hoffnung bleibt bestehn,
solange Menschen unter Menschen leben:
Halt Deinen Spiegel Dir vors Gesicht.
Bist Du's oder bist Du's nicht?

Es bleibt noch ein Rest von Hoffnung: Der Blick in den Spiegel zeigt am Ende noch einen Menschen. So groß kann die Einsamkeit sein! So stark der Funken Hoffnung!

Zuchthauslehren

1954 gerät Bautzen unter die Verwaltung der DDR-Organe. Deutsches Wachpersonal übernimmt erstmals das berüchtigte Straflager in der Oberlausitz, im Südosten der DDR.

Mit der Übernahme des Lagers durch die Deutschen verschlechtert sich die Lage der Gefangenen. Waren die Russen bisweilen unberechenbar, so sind die Deutschen herzlos. Wenn es in extremen Notsituationen bei den Russen eine Zigarette gab, gibt es bei den Deutschen für den selben Vorgang ein Formblatt, eine amtliche Mitteilung.

Jahrelange Haft lehrt die Gefangenen, vom Leben nichts mehr zu erwarten; und dennoch entwickeln sie eine höchst raffinierte Bereitschaft, andere auszubeuten, weil sie jede Achtung vor sich selbst und dem einzelnen Menschen verloren haben. Der Überlebenswille treibt giftige Triebe. Gerhard gelangt zu einer anderen Devise:

»Aus meiner Haftzeit stammt mein Motto, daß es schnuppe ist, wie jemand aussieht, ob er grün, blau oder gelb ist. Die Hauptsache ist doch, daß wir behutsam und freundlich miteinander umgehen, daß wir kreativ bleiben, herzlich und unumstößlich an dem festhalten, wofür wir stehen.«

Aber auch andere Folgen der Haft sind bis heute spürbar: »Ich kann immer noch keine verschlossenen Türen ertragen, selbst in meiner Wohngemeinschaft schließe ich niemals die Tür, weil ich sonst schreien müßte. Ich kann nicht gut allein sein, weil mich die Mauern sonst erdrükken. Ich brauche die Natur, das weite Land und Menschen, egal wo.«

Das Ende der Hoffnung

Anfang 1957 beginnt sich sein Lageralltag zu wandeln: Die Haare werden monatelang nicht mehr geschnitten, Gemeinschaftsveranstaltungen werden abgesagt.

Eines Nachts dann, etwa ein halbes Jahr später, brennt plötzlich überall Licht, Türen gehen auf und zu, etwa zwanzig Namen werden durcheinandergerufen. Nach einer halben Stunde wiederholt sich die ganze Prozedur. Diesmal ist sein Name dabei. Die Entlassung aus der Haft steht kurz bevor.

Jede Verabschiedung von den Kameraden, mit denen ihn jahrelanges Leid verbindet, ist untersagt. Ein fliegender Friseur und ein Arzt versorgen die zur Entlassung Anstehenden. Splitternackt werden sie über den Hof in die Lagerkirche getrieben, die zum Warenhaus umfunktioniert ist. Hier werden die »ehemaligen« Sträflinge perfekt eingekleidet.

Wie beim Maßschneider wird alles – von der Socke bis zum Hut – genauestens angepaßt.

Insgesamt 1500 Mann, die wegen angeblicher Spionage verurteilt waren, werden auf einen »Gnadenerlaß« der Sowjetregierung hin »vorzeitig« entlassen.

Im Offiziersrestaurant findet dann eine internationale Pressekonferenz mit den frisch herausgeputzten Entlassenen statt. Die Antworten sind vorgegeben. Zum Schluß besitzen die ehemaligen Peiniger noch die Dreistigkeit, den Entlassenen einen Job bei der Volkspolizei der DDR anzubieten. Wie mochten sie nur zu einer so guten Meinung von ihren Opfern gekommen sein?

Ein Reisebus bringt die Männer zum Bahnhof. Hier erhält jeder eine Fahrkarte nach Westdeutschland und hundert Mark »Entlassungsgeld«.

Vom Notaufnahmelager Gießen aus fährt Gerhard nach Berlin. Er sucht seine Familie. Doch die Frau, die ihm achteinhalb Jahre lang versichert hat, nur ihn zu lieben und ihm die Treue zu halten, ist seit vier Jahren mit Gerhards bestem Freund verheiratet.

C'est l'homme!

C'est la vie!

Er hat nun die letzten Reste von Hoffnung und Glauben an die Menschen verloren.

3. Ein neuer Versuch

Er hat den Menschen als Bestie und in seiner Treulosigkeit erlebt und will dennoch nicht alle Menschen verachten. Er will aber auch nicht auf den Bürostuhl in der Firma seines Onkels zurück. Er muß mit seinen eigenen Enttäuschungen fertigwerden. Vielleicht kann er sie verarbeiten, indem er anderen seine verstoßene Liebe zuwendet? Wird er am Ende nur helfen, um sich selbst zu helfen?

Die Psychologie nennt dies »Helfersyndrom« – eine neue Krankheit?

Er beginnt eine Ausbildung als Krankenpfleger in einem katholischen Krankenhaus in Dortmund. Diesen Weg ebnet man ihm nicht etwa aus Menschenfreundlichkeit, sondern von Amts wegen. Weil er im »feindlichen Osten verfolgt« war. Die Ausbildung verläuft reibungslos, sie hinterläßt jedoch Spuren: Gerhard beobachtet, prüft – er hat so seine Erfahrungen mit Menschen – und stellt fest, daß das christliche Bekenntnis der leitenden Ärzte, Schwestern und Pfleger nur wenig mit ihrem Leben übereinstimmt. Sie gehen sonntags in die Kirche, ja. Aber das eigene Ich bleibt im Mittelpunkt, um den sich alles dreht. Fordernd, besitzergreifend drehen sie sich um die eigene Achse. Hier wird er nur tiefer in Menschen- und Gottesverachtung hineingestoßen.

Wieder ist eine Chance vertan.

Nach Abschluß seiner Ausbildung kommt er in ein evangelisches Stift im Hannoverschen, wo er fünfzehn- bis dreißigjährige junge Menschen betreut, die keine Lebensperspektive mehr haben: Muskelschwund, spastische Lähmungen, Konterganschäden.

Er ist für sieben Patienten allein verantwortlich. Für sie muß er alles sein: Pfleger, Eltern, Freund. Bei all dem Anziehen, Zähneputzen, Waschen, Füttern, Saubermachen bleibt jedoch nur wenig Zeit für die Nöte des einzelnen. Dies ist auch nicht so sehr im Interesse der Leitung: Jedes über die reine Pflege hinausgehende Engagement kommt ihr suspekt vor.

Ein Oberpfleger herrscht ihn an: »Die Behinderten sind nicht zum Leben hier, sondern zum Sterben.« Das kannte er doch – die Maxime von Bautzen.

– und neue Erfahrungen

Als Konsequenz verbringt Gerhard einen Großteil seiner Freizeit mit den Behinderten »draußen«, indem er versucht, sie am Leben außerhalb der Anstaltsmauern ein wenig teilhaben zu lassen. Schnell erkennt er, daß die »gesunde Gesellschaft« nicht mit dem Rollstuhl konfrontiert werden will. In die Oper kommen seine Schützlinge nicht hinein, in Lokalen werden sie nicht bedient, in Geschäften auf andere Geschäfte verwiesen.

Immer wieder identifiziert sich Gerhard mit den Nöten der ihm anvertrauten Jugendlichen.

Einmal gibt er einem kleinen Jungen, der – ohne Beine – mit seinem Rumpf auf einer Art Skateboard sitzt und Musik macht, ein Eis aus. Am nächsten Tag – es hat gerade Taschengeld gegeben – hockt dieser Junge wieder auf seinem Rollbrett: mit einer Rose in der Hand für seinen Pfleger und Freund.

Wo Menschen abgeschrieben sind, wo kaum noch Leben möglich ist, entsteht plötzlich mehr menschliche Regung als anderswo. Und da, wo man's erwartet, es auch erwarten kann und soll, da ist oft nichts.

Auch das ist eine neue Erfahrung.

Die christlichen Versager

1960 trifft Gerhard das erste Mal mit Christen zusammen, die wirklich Christen sind. Ein Zivildienstleistender des Stifts gehört zu einer Baptistengemeinde. Aus Neugier geht Gerhard einige Sonntage mit in den Gottesdienst, schließlich sogar zu einem viertägigen Pfingsttreffen. Junge Leute aus allen Himmelsrichtungen finden sich zusammen. Er fühlt sich angenommen, wie er es in diesem Maße bisher noch nie erlebt hat.

Nach den vier Tagen, als alle wieder nach Hause fahren, legt sich die Einsamkeit wie ein eiserner Ring um ihn.

So wird er es später immer wieder erleben, wenn er im Showgeschäft die Bühne verläßt und allein ins Hotel fährt.

Als besagter Zivildienstleistender seiner Gemeinde den Rücken kehrt, um mit einer verheirateten Frau zusammenzuleben, distanziert sich Gerhard ebenfalls. Nun fehlt ihm die Anlaufstation.

»Ich konnte damals mit den Fehlern anderer nicht umgehen. Ich brauchte sie, um zuschlagen, bloßstellen, letztendlich: um hassen zu können. Ich war getrieben von einem pervertierten Suchen nach christlichen Versagern, damit ich im Vergleich von Bibel und Welt die Bibel ad absurdum führen konnte.«

Ein Doppelleben beginnt

Nach dem abrupten Abschluß seiner ersten Gemeindebegegnung beginnt sein Doppelleben:

Tagsüber bleibt er Krankenpfleger in »Weiß« mit normalem Haarschnitt und übergeschminkten Tätowierungen, konfrontiert mit dem Leid seiner Schützlinge, jedoch ohne innere Kraftquelle und ohne privaten Ausgleich. Dieses notwendige Gegengewicht sucht er nachts in einem Prominentenclub, der homosexuellen Kellerbar »Come back«, wo auch verschiedene Film- und Fernsehstars jener Jahre verkehren. Bald schon steht er Nacht für Nacht in schwarzem Leder hinter dem Tresen.

Er ist kein Einzelfall. Viele Krankenschwestern, männliche und weibliche Erzieher und Sozialarbeiter kompensieren ihr tägliches Engagement in solchen Lokalen. Das Sichselbst-Hergeben aus eigener Kraft führt zu einer großen Leere, die ausgefüllt werden muß.

So bleibt es nicht aus, daß er alte Bekannte trifft: Leitende Angestellte verschiedener christlicher Einrichtungen lassen sich im »Come back« von ihm bedienen. Was sich tagsüber fromm und streng gebärdet, wirft nachts diese Bürde ab. – Ihn ekelt.

Aber er ist inzwischen zum Kundenfang für die Barprominenz aufgestiegen und fragt sich, ob es überhaupt Menschen ohne Maske gibt; Menschen, für die der Mitmensch wirklich wichtig ist, bei denen das Du und nicht immer nur das Ich im Vordergrund steht. Die Versuchung, über andere – speziell Christen mit und ohne Anführungszeichen – den Stab zu brechen, wird riesengroß. Erst später wird er an sich selbst erfahren, mit welch harten Bandagen das alte Ego um seine natürlichen Rechte kämpft.

Der Ausstieg

1964 stirbt der einfühlsame und tolerante Chef des Stifts. Sein junger Nachfolger läßt Gerhard in die Verwaltung rufen. Hier teilt er ihm mit, daß er »zwar nichts gegen Tätowierungen habe«, sie störten jedoch das Betriebsklima.

Das war die Kündigung.

Patienten und Kollegen bemühen sich fieberhaft durch Eingaben an die Heimleitung, ihn als vertraute Bezugsperson der Patienten und als Mitarbeiter zu halten – vergeblich.

Er hat anderen und damit auch sich selbst helfen wollen, doch es darf nicht mehr sein.

Er ist zu verletzt, um einen zweiten Anlauf in seinem geliebten Beruf zu wagen. Er hat Angst, auf dem dünnen Eis seiner verletzten Würde erneut einzubrechen. Er fühlt sich innerlich zu schwach, um sich gegen die Diskriminierungen zur Wehr zu setzen. Die Wunden seiner Jugend und seiner Haft sind noch nicht vernarbt, da werden ihm schon neue geschlagen.

Und trotzdem wird er bald der begehrteste Babysitter seines Viertels sein.

4. In Satans Bann

Die Maske

Wieder ist er allein. Sehnsüchtig sucht er Gemeinschaft; Menschen, die zu ihm stehen, auf die Verlaß ist. Doch ohne Erfolg. Er beschließt, sich endlich zu wehren, kauft sich ein schweres Motorrad, das ihm Freiheit und Flügel verleihen soll. Er weiß nun auch, was eine Maske wert ist, und will die Tätowierungen von Bautzen durch einen Fachmann vervollkommnen lassen. So kommt er nach Hamburg und dort zu einem Tätowierer, der gleichzeitig als Maskenbildner beim Fernsehen arbeitet.

Diesmal läßt er sich am ganzen Körper tätowieren. Kein Stück Haut soll freibleiben. Der Preis ist fünfstellig.

Erschrocken starren ihn jetzt die Leute an, wenn er sich in irgendeinem Schnellimbiß einen Hamburger oder auch nur eine Tasse Kaffee leistet. Die Wirkung ist perfekt.

Über seinen Tätowierer kommt er in eine Szene aus Alkoholikern und sexuell Perversen, Fernsehleuten und Hells Angels.

Einige Tage zweifelt er an der neuen Umgebung, hat Angst, für ihre kriminelle Hackordnung mit deren eigenen Gesetzen nicht stark genug zu sein. Schließlich sagt er gegen alle moralischen Widerstände ja zu dem neuen Weg.

Der Rocker schlägt zurück

Schon lädt ihn eine Rockergruppe ein – acht Jungen und vier Mädchen. Sie planen ein Zeltwochenende am Elbestrand. Es sind Menschen, die nichts zu verlieren haben, die nicht viel fragen, die ihn annehmen, wie er ist. Ihr gemeinsamer Slogan lautet: »Die scheiß-gute Gesellschaft ist uns scheißegal.« Man liegt in jemandes Arm, der nichts von einem fordert.

Alle sind tätowiert. Alle tragen Leder. Alle sind ausländerfeindlich, speziell Türkenhasser.

Er sitzt mit den Zwölfen am Lagerfeuer und läßt sich mit Alkohol vollaufen.

Die Camper werden sehr laut. Einige hundert Meter entfernt zelten türkische Jugendliche ebenfalls am Strand. Sie fühlen sich in ihrer Nachtruhe gestört und machen sich gegen ein Uhr mit Steinwürfen bemerkbar.

Seine neuen Freunde, mit denen er den ganzen Tag »gute Gemeinschaft« hatte, gehen jetzt mit Messern, Eisenstangen und Ketten auf die Türken los. Soll er sitzenbleiben und die endlich gefundene Gemeinschaft aufkündigen? Er will nicht länger der Verletzte sein und geht mit, zerschneidet die Zelte der Türken, schlägt beim geringsten Widerstand zu.

Von Messerstichen verwundet, fliehen die türkischen Jugendlichen ohne ihre Zelte.

Gegen sechs Uhr morgens kontrollieren zwei Polizisten die Ausweise der Rockergruppe.

»Das waren für uns doch nur biedere Landtrottel, die mehr Bammel in der Hose hatten als alles andere. Wenn du so viel Gewalt ausstrahlst, daß sogar die Polizisten es mit der Angst kriegen, dann klappt der Weg mit der Gewalt.«

Seine angeborene Sensibilität sitzt hinter Schloß und Riegel fest verwahrt. Die Angst vor der »Hackordnung« ist verflogen.

». . . aus Satans Kraft«

Am nächsten Tag fragt ihn die Rockergruppe, ob er nicht einen Aufnahmeantrag stellen wolle. Voraussetzung sei, daß er sich bewußt in die Macht des Teufels begebe, d.h. eine Lebensübergabe an Satan vollziehe.

Nach der Aufnahmeprüfung werden dem Neuaufgenommenen zwei fünfzackige Satanssterne ins Gesicht tätowiert. Das bedeutet: »Ich bin Gott. Ich heile mich selbst aus Satans Kraft.«

Die Gruppe nimmt – ähnlich wie viele Punkergruppen heute – an okkulten Handlungen und schwarzen Messen teil, betet Totenköpfe an und trägt umgekehrte Kreuze um den Hals als Zeichen dafür, daß Satan für sie Sieger über Christus ist.

Er beantragt die Aufnahme und wird schon bald »offizieller Kuttenträger« – die »Kutte«, die schwarze Ledermontur, ist ein quasi antipriesterliches Gewand. Indem er sich der Gruppe mit Leib und Seele verschwört, erhält er eine neue Identität. Ihm scheint das nicht klar zu sein. Es ist noch nicht lange her, daß er – auf eine solche Möglichkeit angesprochen – sich stark genug glaubte: »Ich sehe die Gefahr auch, aber solange ich niemand anderer als ich selbst bin, mich auch so darstelle, behalte ich die Zügel in der Hand.«

Doch nun beginnt er Dinge zu tun, die er eigentlich nicht will: »Wenn ich innerlich schwer verletzt wurde, konnte ich schon jemanden zusammenschlagen. Wenn ich aber den am Boden Liegenden mit dem Stiefelabsatz ins Gesicht trat, erschrak ich über mich: Das gehörte nicht zu mir.«

Er stellt jetzt fest, daß er nicht mehr sich selbst gehorcht, sondern anderen Mächten. Er wird rücksichtslos. Er gibt sich ausschließlich dem Gruppengeist hin und dem, der dahintersteht: Satan selbst. Er zerstört und bekennt sich zur »Kaputtheit«.

Rocky, der Irokese

Nach außen stolz, verläßt er die Prägung seiner Kinderstube und schließlich sein eigenes Selbst. Er wird ein anderer. Er trägt nur noch vergammeltes Leder und wäscht sich höchstens alle vier Wochen. In seiner »Wohnung« hängen Skelett, Totenköpfe und Ketten von den Wänden.

Schnell steigt er in der Gruppenhierarchie auf. Wie bei allen seinen Mitstreitern ist auf der linken Hand der Schriftzug »Rocker« zu lesen, auf der rechten Hand ist seine Beförderung tätowiert: »Roc-Ko«, was soviel heißt wie »Rocker-Kommandant«.

In der Folgezeit kommt es zu schweren Einbrüchen, Diebstählen, Körperverletzungen mit Todesfolge. Rocky wird festgenommen.

In der Untersuchungshaft schauen Mitgefangene ehrfürchtig zu ihm auf wie zu einem Meister, ihrem Vorbild. Er genießt das. Als es zur Verhandlung kommt, fällt der Richter aufgrund der Bautzener Haft ein überraschend mildes Urteil: »Zwei Jahre auf Bewährung.« Seine Begründung:

»Ihre achteinhalb Jahre Straflager haben Sie so geprägt, daß es so kommen mußte.«

Das war falsch, denn es war nichts anderes als ein Freifahrschein für weitere Gewalttaten.

Ein Mann der Gewalt

Rocky braucht Geld, aber er fragt nicht mehr, woher das Geld kommt. Es fließt ihm zu. Er strahlt soviel Gewalt aus, daß ihm viele Bürger aus Angst ihre Brieftaschen, Ringe und Uhren hinhalten mit den Worten: »Nur, bitte, nicht schlagen!« Wenn er am Bahnhof steht, stecken ihm manche aus purer Angst Geld zu.

Günther, Sohn einer Prostituierten und bis vor kurzem selbst Stricher, Spieler und Alkoholiker – der heute für die Heilsarmee arbeitet – berichtet über seinen Eindruck von dem Rocky jener Jahre:

»Wenn ich ihn gesehen habe, hab ich lieber 'nen großen Bogen um ihn gemacht. Rocky, das war für mich das Sinnbild für Gewalttätigkeit und beste Beziehungen in führen-

Der freundliche Eindruck täuscht

de Kreise der Unterwelt, seien es Zuhälter, Killer oder Dealer. Rocky, das war jemand, der keine Grenzen kannte.«

Auch im zwischenmenschlichen Zusammensein gelten für Rocky nun die Regeln einer anderen Welt, bzw. die konsequente »Weiterentwicklung« dessen, was wir »neue« oder »offene« Moral nennen: In der Beziehung zu Männern und Frauen zählt nur der augenblickliche Sex, nicht das gemeinsame Leben. Man fragt nicht nach Freundschaft oder Liebe, weil man selbst nichts mehr geben kann. Der momentane Partner und somit man selbst werden zur Sache, zur Ware. Man nimmt.

Schließlich hört er auf, die Nöte und Gefahren zu sehen, in die er sich immer tiefer hineinmanövriert. Er ist zu sehr gebunden, als daß er von sich aus erkennen könnte, an welchem Abgrund er steht. Es müssen Menschen von Außen kommen, die seine oft stummen bzw. verschlüsselten Schreie nicht überhören, die ihn von seinem Irrweg wegholen.

Seine Erfahrung: »Wenn du im Moor versinkst, kannst du dich nicht selbst rausziehen. Du kannst zwar noch schreien, aber was nützt das, wenn dich niemand hört?«

5. Der Abschied von der Gewalt

»Alle Christen sind Heuchler«

Im Sommer 1974 tingelt Gerhard durch Deutschland und kommt schließlich auch nach Cuxhaven, wo er sich mit dem Sohn eines Pastors anfreundet.

In das Haus jener Pastorenfamilie wird er nicht nur eingeladen, sondern auch wie selbstverständlich für längere Zeit aufgenommen. Der weltoffene Cuxhavener hat mit seinen vier Söhnen manches Leid erlebt: Der älteste Sohn ist als Terrorist der RAF im Rheinland untergetaucht, der zweite Sohn folgt dem Vater in die Theologie, der dritte ist musikalisch hochbegabt, soll aber einen handwerklichen Beruf erlernen und leidet unter dem Unverständnis des Vaters. Der vierte geht noch zur Schule und steckt voller Protest.

Gerhard kann den Widerspruch dieser problembeladenen Familie nicht verarbeiten. Er versteht nicht, wie ihm ein Mann mit soviel eigenen Problemen noch etwas von Jesus erzählen will. Die Kritik an Gerhards Totenkopfsymbolen bleibt wirkungslos, weil er sie als moralisch erhobenen Zeigefinger versteht. Glaubhafter wäre für ihn gewesen, wenn dieser Pastor bei Schuldzuweisungen auch auf sich selbst gezeigt und die eigene Unfähigkeit eingestanden hätte. So aber hat Rocky nur den Eindruck, als wolle dieser Mann ein gutes Werk vollbringen – das Objekt dafür wollte er nicht sein. Mit dem Eindruck, »alle Christen sind Heuchler«, kehrt er freiwillig in seinen alten Sumpf zurück.

»Falsche Instrumente«

In Hamburg lernt er den Hobbytätowierer Theo und dessen Frau kennen, die ihn, ohne Fragen zu stellen, bei sich aufnehmen. Bei Theo, der auf erschreckende Weise an den Alkohol gebunden ist, ist immer ein Bett frei. Auch für Gerhard.

Wenige Wochen später wird er von einer Gemeinde eingeladen.

Im Gottesdienst begegnet man ihm, als sei er gerade vom Mond gefallen. Er fühlt sich als Aussätziger, für den man betet, aber den man nicht anfaßt – man könnte sich ja dabei anstecken! So hält er nicht einmal diesen Gottesdienst durch.

Oder sind es seine satanischen Bindungen, die ihn hinaustreiben? Aber er ist ja auch später noch ein Gebundener, als er sich der Botschaft öffnet! Es lag also nicht daran; auch nicht daran, daß die Botschaft falsch gewesen wäre oder gar der verkündigte Gott.

»Es waren die falschen Instrumente. Ich kann ja auch einen zugefrorenen See nicht mit der Zahnbürste aufbrechen!«

Kurt und der NDR

Wenige Monate später lernte er bei Theo Kurt kennen, einen älteren vornehmen Herrn, auch in Leder, der bei der Begrüßung gleich eine Flasche Cognac holen läßt. Besorgt spricht er Rocky an:

»Hier kannst du doch nicht bleiben!«

Am nächsten Nachmittag lädt er ihn in seine saubere, hübsche, wenngleich etwas verkitscht eingerichtete

3-Zimmer-Wohnung im Osten Hamburgs ein und bietet ihm an, sofort einzuziehen.

Kurt ist ein einsamer alternder Mann, der nur noch den Wunsch hat, sich seine letzten Jahren zu verschönern und anderen ein wenig zu helfen. Er bringt Rocky dazu, sich polizeilich anzumelden und ein geregeltes Leben zu führen, indem er ihm ein Zuhause gibt – ein Traum!

Über Kurts Wohnungstür hängt ein Holzschild mit der Aufschrift : »VERZICHT«. Er ist homosexuell. Rocky versteht auf Anhieb und respektiert. Ein Gefühl der Geborgenheit erwacht in ihm. Aber es wird noch eine Weile dauern, bis er selbst die Kraft findet, den vielerlei Versuchungen seiner beginnenden Karriere zu widerstehen, in der alle Arten von Sexualitäten en vogue sind.

Das Schild »Verzicht« ist groß genug, daß es auch vom Fernsehteam bemerkt wird, das sich für die Zweisamkeit dieser beiden Männer interessiert. Das gibt es also auch, stellen sie erstaunt und ein wenig bewundernd fest.

Kurt hat Bekannte beim Hamburger Studio des NDR. Über diese Verbindung wird Rocky in Wolfgang Menges Talkshow »Drei nach neun« nach Bremen eingeladen. Sie sprechen über Vorurteile gegenüber Tätowierten. Rocky hat reiche Erfahrungen anzubieten.

Eine große Musikfirma (Teldec) sieht die Show und will mit ihm eine Platte produzieren. Er muß lachen: »Ich kann doch gar nicht singen; höchstens mal unter der Brause oder in der Badewanne!« – Er wird trotzdem eingeladen.

»Schluß mit 'm Stuß«

Ulf Krüger, der für Blödel-Otto und Nena textet, ist auch da. Er will Rocky gern näher kennenlernen. Er findet ihn in

Kurts Wohnung, einer Backsteinsiedlung – Block C, erster Stock. Vier Wochen nimmt er intensiv an Kurts und Rokkys Leben teil, bevor er zwei Lieder für ihn schreibt.

Der Titelsong von »Rocky, dem Irokesen« heißt »Ich such 'n Job« und verarbeitet seine Entlassung aus dem Stift in Hannover.

Der Song der B-Seite geht tiefer. Er beschreibt, wie sensibel sich Rocky mit seiner Umwelt und deren Nöten auseinandersetzt, wie scharfsinnig er unserer »Wohlstandsgesellschaft« die Maske vom Gesicht reißt. Das Lied heißt »Schluß mit 'm Stuß«:

Schon der alte Fritz hat gesagt,
jeder soll nach seiner Facon selig werden.
Warum hat das eigentlich nie funktioniert?

In den 60er Jahren die langen Haare,
da ist mancher von der Schule
und aus der Lehre geflogen.

Das soll ja heute angeblich nicht mehr passieren,
daß einer wegen seiner Einstellung,
keine Anstellung mehr bekommt.

Na ja, die Zeiten haben sich geändert,
aber die Menschen nicht.
Sogar junge Menschen tun sich schwer,
wenn's um Toleranz geht.

Und deswegen sag ich: Schluß mit dem Stuß!

Also etwas mehr Toleranz, wenn ich bitten darf.
Normal ist ganz klar nur derjenige,
der in der sogenannten heilen Welt lebt,
mit Frau und Kind, geregelte Arbeit,
'n Auto vor der Tür, mit komplett
eingerichteter Wohnung.

Die anderen sind nur die Neger, die Gelben,
die Itaker, die Kümmeltürken, die Asozialen,
die Schwulen und die Wehrdienstverweigerer.

Mensch, wäre das nicht dufte,
wenn die nicht nur von Toleranz quatschen,
sondern sie ganz einfach praktizieren würden.

Und deswegen sag ich: Schluß mit 'm Stuß.

Die Platte wird in der Hamburger Nobeldisco »Trinity« vorgestellt. Kurt, den Rocky liebevoll »Vadder« nennt und dem er diesen Erfolg letztlich zu verdanken hat, ist sehr stolz. Kurz darauf kommt Kurt ins Krankenhaus: Krebs. Zehn Monate lang pflegt ihn Rocky: Jeden Abend schläft »Vadder« in seinen Armen ein.

Kurt bittet um das Abendmahl. Rocky erlebt staunend mit, wie der alte Mann genau den im Glauben annimmt, dem er selbst bei vollem Bewußtsein abgeschworen hat. Kurt – sein »Vadder«! – ein Christ!

Wichtige Impulse müssen von diesem Mann ausgegangen sein. Rocky spricht heute noch davon.

Nach Kurts Beerdigung, bei der der Pastor Rocky nicht einmal die Hand gibt, überkommt ihn eine furchtbare Leere. Er denkt an Selbstmord, nimmt 20 kg ab. In diesem Zustand bricht seine Bautzener Tuberkulose erneut aus.

Er kommt in ein Krankenhaus im Norden Hamburgs, wo man nach langen Untersuchungen feststellt, daß er außerdem Knochen- und Prostatakrebs hat, deren Ausmaß er nicht ahnt. Die Wirbelsäule droht durchzubrechen. Starke Kobaltbestrahlungen werden angeordnet, so daß er bald keine Speise mehr halten kann. Dann wird die Prostata gehobelt: Noch nach der Entlassung blutet er ständig. Wenn er in der S-Bahn steht, läuft ihm das Blut so manches Mal durchs Hosenbein in den Schuh. Die Schmerzen sind groß. Er wird zum wandelnden Arzneischrank.

Getrieben von der Angst vor dem Alleinsein und dem Tod sucht er eine Ersatzbefriedigung, die er schließlich in der Drogenszene und im Showgeschäft findet, wo er von Tausenden umjubelt wird, um nach einer halben Stunde wieder allein zu sein ...

»... und deswegen sag ich: Schluß mit 'm Stuß! ...«

6. Hinter der perfekten Maske – im Showgeschäft 1976–85

Vermarktet

Es ist schon einige Zeit her, daß Rocky Udo Lindenberg auf der Straße kennengelernt hat. Beide mögen sich auf Anhieb. Udo widmet Rocky sein Lied »Na und«. Da dieser nicht unter »Rocky« im Telefonbuch steht, kann Udo den Kontakt nicht halten. Schließlich merkt er, daß beide bei derselben Firma ihre Platten herausgeben. Hier treffen sie sich wieder, und diesmal engagiert Udo Rocky, der bei dieser Begegnung furchtbar scheu und zurückhaltend wirkt. Er erhält kleinere Filmrollen und geht schließlich mit Udo auf Tournee. Udo ist sensibel, offen für Menschen, die in Not sind. Er ist nicht nur der Kasper, den er auf der Bühne darstellt. Das Leid anderer geht ihm auf erschütternde Weise nahe.

Nach einigen Rundfunkauftritten weiß Rocky, was es heißt, vermarktet zu werden. Auch im Showgeschäft herrschen Vorurteile und Intoleranz. Nur ganz wenige – wie Carlo v. Tiedemann – präsentieren jemand, der so aussieht wie er, auf faire Weise. Im Hilton-Hotel begafft man ihn hemmungslos.

Die im Showgeschäft schon immer oben waren, lehnen denjenigen ab, der mühsam gerade die erste Stufe erklommen hat.

Durch Udo wird er für seine alten Bekannten und Nachbarn zu einer anderen Person. Der Sparkassenleiter, der ihn noch vor kurzem vor die Tür gesetzt hat, will ihm jetzt einen Kleinkredit schmackhaft machen. Nachbarn im Arbeiterstadtteil Altona fragen ihn, wann er denn ins Nobelviertel Blankenese umziehe. Tätowierte Freunde in Leder bauen eine immer größer werdende Mauer auf, auch wenn sie sich weiterhin gerne mit Rocky sehen lassen – vielleicht nur, um selbst etwas von dem Glanz abzubekommen, in dem Rocky neuerdings strahlt.

Doch Rocky denkt da aufgrund neuester Erfahrung anders:

»Wenn viele junge Menschen heute denken, das Showgeschäft sei ein schönes Geschäft, wo nur die Sonne lacht, wo man stets mit vielen Menschen zusammen ist, so muß ich ihnen sagen: Sie irren sich mächtig.«

Die »schöne« Zeit hält nur für die wenigen Minuten des Auftritts an, wenn die Fans jubeln und »Rocky« schreien. Wie eine Droge genießt er es. In wenigen Augenblicken Tausende in seinen Bann zu ziehen – was für eine Macht ist das! Und was für eine Illusion! Die Leute wollen ihn. Sie mögen ihn – jedoch keiner von denen kennt ihn.

Kurz danach fühlt er sich verlassener als je zuvor, »einsamer als der einsamste Eremit«.

Keiner von denen kann ihm die wachsende Angst vor dem Verlassensein nehmen. Er kennt keinen, der das könnte.

Abhängig zum Nulltarif

Schon nach kurzer Zeit will er weglaufen, die Vorstellungen schmeißen, die Tournee abbrechen. Immer häufiger schließt er sich in seiner Garderobe ein.

Als Hauptverantwortlicher der Tournee sucht Udo Lindenberg Rat bei einer bekannten Rocksängerin. Sie versucht es bei Rocky mit harten Drogen: »The show must go on«, koste es, was es wolle. Eine Viertelstunde nach der ersten Heroinspritze folgt Rockys bisher »bester« Auftritt.

Die Spritzen, als Einstieg noch zum Nulltarif oder Freundschaftspreis verabreicht, verschlingen bald seine gesamte Gage.

Drogenszene und Showgeschäft sind eng miteinander verknüpft – auf nationaler wie auf internationaler Ebene.

Dort, wo man das Leben nur wie ein kurzlebiges Spiel lebt, werden Menschen von einer Droge zur anderen hin- und hergerissen. In dieser Szene freut man sich, wenn wie-

Rocky als Mitglied von Udo Lindenbergs Panik-Orchester

der ein Abhängiger dazukommt, so wie sich der Teufel freut, wenn er wieder eine arme Seele eingefangen hat. Und die Dealer wie der Teufel lassen sich das was kosten.

Rocky kann sich nicht mehr wehren. Mit wessen Hilfe sollte er auch? Während der Auftritte gibt er sich ganz in des Teufels Hand:

»Mit Hilfe Satans konnte ich in Essen, Frankfurt oder München aus einem Rockkonzert einen Hexenkessel machen. In wenigen Minuten konnte ich Menschen derart aufputschen, daß sie sich wie kleine Teufel benahmen. Der harte Rock, bei dem man nicht mehr auf den Text hört, ist eine Gefahr, denn man übergibt einem anderen das Regiment.«

Und weiter allein auf der Welt

Er hat zu diesem Zeitpunkt zwar immer etwas von jenem »Gott« gewußt, der immer weit weg, irgendwo im fernen Himmel war, aber nichts von Christus, der ans Kreuz gegangen ist und Tod und Teufel besiegt hat. »Ohne dieses Wissen konnte ich nicht gerettet werden und mußte weiter hungern.«

So folgt auf eine Tournee die nächste, Filme werden gedreht, Fernsehauftritte mit Anneliese Rothenberger, Iwan Rebroff, Michael Schanze. Auftritte in den Nobeldiscos von Kiel, Düsseldorf, und jede zwanzig Minuten-Show bringt 2000 Mark Gage.

Die Stars der Showszene im Studio Hamburg finden Rocky »originell«. Einige zücken ihr Taschentuch, spucken drauf und fangen an, in seinem Gesicht zu reiben in der Annahme, er sei nur extravagant geschminkt.

Alles echt. Spitze!

Auch wenn man gerne mit Rocky von Bar zu Bar tingelt – man tingelt mit einem Hamburger Markenzeichen, originell! – für den Menschen Gerhard Bauer fehlt jegliches Einfühlungsvermögen, jede Rücksichtnahme auf seine Persönlichkeit. Man tingelt mit der Maske. Was dahinter ist – wen interessiert das schon!

Zur Wehr setzt er sich nur ein einziges Mal: Auf dem Benefizkonzert der Deutschen Krebshilfe unter der Schirmherrschaft von Mildred Scheel. Inmitten gezwirnter Honoratioren sagt er den »Saubermännern« vor und hinter der Bühne die Wahrheit ins Gesicht:

»Unter Frack und Smoking verbirgt sich häufig mehr Unmoral und Gewalt als unter Leder und Fummel.«

Und später:

»In Bautzen und St. Pauli waren die Umstände mies. Im Showgeschäft scheinen es die Menschen zu sein.«

Der Exhibitionist

Nach einigen Jahren ist es schließlich so weit. Auch der Exote Rocky erliegt den von ihm angeprangerten Gesetzmäßigkeiten der Unterhaltungsbranche: Ein weiterer Persönlichkeitsverlust findet statt. Er dreht sich zunehmend um sich selbst, spricht nur noch über sich, erzählt immer wieder dieselben Geschichten. Er kommt sich »toll« vor, kann gar nicht »originell« genug sein – nur nicht, wenn jemand eine kritische Bemerkung macht, dann kapselt er sich sofort ein.

Die Leute sehen in ihm ein merkwürdiges Zwischenwesen, das mal liebenswürdig, mal sehr unangenehm und abstoßend wirkt.

Mal sieht er aus wie ein gefangenes Tier, dann wieder gibt er sich wie ein niedlich-naives Kind. Sein Hang zum Exhibitionismus erfährt groteske Züge. Seine Angst und das ständige Suchen nach Neuem werden zunehmend in seinen Augen und an seiner Körperhaltung ablesbar.

Am Ende ist er ein Spießer: intolerant, mimosenhaft empfindlich, »kleinbürgerlich hoch fünf«, so wirkt er auf seine Außenwelt.

Inzwischen ist er perfekt vermarktet worden. Selbst die Hamburger Fremdenverkehrswerbung schmückt sich in ihren Vierfarbprospekten mit ihm: aufgemacht als Mischung zwischen Salvatore Quasimodo und letztem Mohikaner.

Rocky wird zur lebendigen Hamburgensie.

Götterhämmerung

1984 kommt es zum Höhe- und Schlußpunkt in Rockys Showkarriere.

Udo ruft an. Er will ihn wieder mit auf Tournee nehmen. Auch eine neue Platte (»Das Leben«) wollen sie machen. Seine LP »Götterhämmerung« soll in Berlin vorgestellt werden, wobei Udo als Papst verkleidet, ein paar leichte Mädchen als Nonnen und Rocky als der leibhaftige Satan auftreten sollen. Nach Beendigung der Fernsehaufnahmen in Hamburg fährt die unheilige Truppe mit dem Plattenbus nach Berlin.

Dieser letzte, gespenstische Auftritt muß jedoch plötzlich abgebrochen werden. Rocky kann nicht mehr. Der Krebs macht ihn fertig. Die Ärzte geben ihm kaum noch Überlebenschancen.

Udo rockt mit Helen und „Rocky"
Zwei Tage Panik in Berlin

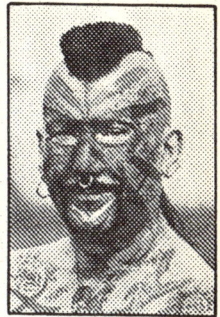

Panische Konzerte: v. l. Udo Lindenberg, Helen Schneider und „Rocky".

Die Heizer kommen und sie rocken und rollen durch deutsche Lande. Am 17. September gastiert Udo Lindenberg mit seiner Panik-Crew in der Neuen Welt an der Hasenheide. Da das Konzert bereits ausverkauft ist, hat der Paniker mit seinen Gästen und Musikern die Tournee kurzerhand verlängert und rockt nun auch am 18. September an der Spree.

Das Programm von Udo '80 besteht hauptsächlich aus altbekannten Hits und eingedeutschten Rock'n'Roll-Oldies. Als Gäste hat sich der 34jährige die US-Sängerin Helen Schneider und das Hamburger Original Rocky, den Irokesen, mitgenommen. Die stimmgewandte Helen hat einen eigenen, 20minütigen Showblock und singt mit Udo im Duett: „Baby, wenn ich down bin".

Rocky, ganz in Leder und über und über tätowiert, singt die deutsche Version von Tim Currys: „I Do The Rock", bei ihm heißt das ganze „Ich brauch 'n Job". Eine „Tournee zum Anfassen" soll Lindenbergs Konzertreise sein.

pem

Aus der Berliner Morgenpost vom 17. 9. 1980

7. Umkehr zum Lebendigen: Juni – September 1985

Bleib stehen!

Als er aus dem Krankenhaus entlassen wird, ist er vom Krebs gezeichnet. Er geht nach Hause. Aber die leere Wohnung, die Einsamkeit in seinen eigenen vier Wänden wird immer erdrückender. Sooft es geht, flieht er dorthin, wo er sich verstanden fühlt: auf den Kiez, nach St. Pauli. Hier ist sein Zuhause. Seine Altonaer Wohnung ist nur noch Schlafplatz.

An einem Samstagabend im Juni 1985 kommt er – wie immer im »Kampfanzug« – über den Hamburger Berg und die Reeperbahn zum Altonaer Bahnhof. Er marschiert gemessenen Schrittes über das Bahnhofsgelände, nach außen selbstbewußt, herausfordernd, die Demonstration eines Ich-Menschen.

Gerade, als er das Bahnhofsgebäude durchquert, fällt ihm eine Ansammlung von Menschen ins Auge. Neugierig bleibt er stehen: Eine Gruppe geschminkter Pantomimen spielt Theater – im Sommer hier keine Seltenheit. Es ist ein christliches Stück, das merkt er sofort. »Jugend mit einer Mission« führt ihre Pantomime »Das Lamm« auf.

Damit will er nichts zu tun haben. Auf der Stelle macht er kehrt in Richtung Bahnhofsausgang. Doch eine Frau der Theatergruppe hält ihn an: »Bleib steh'n, wir wollen mit dir reden!«

Er denkt: »Jetzt nichts wie weg«, und gerade hat er die Kehrtwendung gemacht, da steht vor ihm ein junger Mann mit Campingsack auf dem Rücken und spricht ihn freundlich an: »Ich freue mich, daß ich dich sehe.«

Rocky überlegt, woher er diesen Mann kennt. Sicher von einer seiner Tourneen, denkt er. Als Folge seines Aussehens kennen schließlich mehr Leute Rocky, als er Leute kennt.

Der junge Mann legt ihm die Hände auf die Schultern und spricht ihn noch einmal an: »Sag mal, wie zerrissen mußt du sein, daß du so rumläufst! Wie wund muß dein Herz sein!«

Er denkt: »Wie kann der das merken?« Wie kann jemand durch seine kunstvolle Maske hindurchschauen? Das hat doch in all den vergangenen Jahren noch niemand fertiggebracht – zumindest hat ihn noch nie jemand so angesprochen!

Es ist zu spät, als er sich von der Überrumpelung erholt hat und feststellt, daß dieser Mann ja zu den Leuten gehört, mit denen er eigentlich gar nicht sprechen will. So wie sein bisheriges Leben abgelaufen ist, ist er nicht bereit, ein Gespräch über seine Wunden zu führen. Aber da haben beide schon ihre Adressen ausgetauscht.

Hans, so heißt sein Gesprächspartner, ist erst seit einem Tag in Hamburg und hat offensichtlich keine Ahnung, wer »Rocky« ist. Er ist auch nicht losgegangen, um irgendeinen exotischen Typen einzufangen. Für ihn war dieser buntscheckige alte Rocker nur ein innerlich nach Leben schreiender Mensch. Hätte er auf die Berühmtheit »Rocky« Jagd gemacht, wäre es nie zu einem Gespräch gekommen. Ein erwachsener Mann, der von Rocky nichts weiß, der keine Fernsehsendung mit Rocky kennt, bekommt nun einen verblüffend tiefen Einblick in dessen wirkliches Leben.

Ein anderer aus der Gruppe – Heinz – beobachtet die Szene aus unmittelbarer Nähe. Er gibt zu: »Wenn mir damals jemand erzählt hätte, der Typ da käme zu dir nach Hause – ich hätte dem 'nen Vogel gezeigt.«

So ahnungslos kann man sein.

In der hektischen Situation am Altonaer Bahnhof kann er dem flüchtenden Rocker gerade noch ein kleines Traktat in die Hand drücken. Es ist überschrieben: »Jesus begegnen. Gottes Wort ist Wahrheit.«

An Leute wie Rocky werden die Verfasser wohl kaum gedacht haben.

Er liest es mit zwiespältigem Gefühl. Da meldet sich die Erinnerung. Nein, er will keine neuen Erfahrungen mit Christen! Er wirft den Zettel weg.

Die neue Verwandlung

Tags darauf marschiert er, diesmal in schwarzem Leder, wieder die gewohnte Tour: von der Reeperbahn zum Altonaer Bahnhof. Am Bahnhof beschleicht ihn ein trübseliges Gefühl.

»Siehste«, denkt er bei sich, »gestern noch hattest du hier 'n gutes Gespräch. Und heute sind se fort. Keiner da. Mit denen von gestern biste auch beschissen.«

Das war noch nicht zu Ende gedacht, als zwei junge Leute vor ihm auftauchen und ihn begrüßen: »Hallo, Gerhard!«

»Hallo, Gerhard!« Das ist gefährlich, denkt er, denn schließlich ist er Rocky, der Irokese. Kaum ein Mensch kennt seinen Vornamen. Als die beiden sich vorstellen, ist die Überraschung perfekt.

»Du wirst uns nicht erkennen. Gestern waren wir geschminkt und spielten hier Pantomime.«

»Nee – so was«, denkt er. Gerade hat er sie vermißt und abgeschrieben, da stehen sie vor ihm! Das »gute Gespräch«, auf das er sich in irgendeinem Winkel seines chaotischen Herzens gefreut hatte, ist schon in Gang, und eine Einladung ins »Café Augenblick« folgt.

Zwei Tage später macht er sich aus bloßer Neugier auf den Weg zum Schulterblatt, wo das Café liegt. Als er eintritt, kommt ihm besagter Hans schon entgegen.

Der Mensch muß Zeit haben! Eine geschlagene Stunde sitzen sie an einem der Tische. Rocky, der Irokese, dessen Leben bisher für kriminelles Milieu, Perversenszene, Showgeschäft und Okkultismus stand, scheint innerlich vorbereitet zu sein. Wirklich seltsam ist das: Er reagiert positiv, er wirkt plötzlich bescheiden, fast schüchtern. Er ist beeindruckt von der Offenheit dieser Begegnung. Er scheint zu spüren, daß er hier sein Rollenspiel aufgeben kann – ja muß, wenn ihm diese Begegnung überhaupt etwas bringen soll. Denn offenbar hat er es hier nicht mit jenen halbseidenen Wortchristen zu tun, die ihm bisher die Rückkehr in die alte Szene nur erleichterten. Hier kann er sich keine »moralische Ruhepause« gönnen, um dann wieder umso schlimmer loszulegen.

Und Hans staunt wieder einmal, was sich unter solch einer Lederjacke und all den eintätowierten Sprüchen und Bildern dieser armen Haut an Zartheit verbirgt; aber auch an Angst vor neuen Schlägen.

Er bittet den Gast mit hinauf in sein Zimmer. Der muß sich einen Ruck geben, um mitzukommen, denn er spürt, daß jetzt etwas Neues beginnt. Schon daß die Leute ihn hier mit seinem richtigen Vornamen ansprechen, gibt ihm dieses Gefühl.

Angenommen

Oben bittet Hans, für ihn beten zu dürfen. Obwohl er immer noch ein wenig unkonzentriert ist, spürt er: Diese Art von Christen hat er noch nie erlebt; und ihm ist, als spräche hier ein Mann aus einer anderen Welt mit ihm – über ihn – zu Gott. Fünf Stunden ringt Hans mit Gott. Fünf Stunden kämpft Gerhard mit »Rocky«, seinem alten Ich. Hans deckt Gerhards Irrwege anhand der Bibel auf. Gerhard ist klar, daß durch Drogenkonsum aller Art – Heroin, Show, exzessiven Sex – der »Bedarf« nie befriedigt, sondern nur größer wird, daß sich der Drogenkonsum so lange erhöht, bis eines Tages nichts mehr geht. Für ihn, der kurz davor ist, sein Leben wegzuwerfen, weil er in ihm keinen Sinn mehr sieht, gibt es nur noch eine Alternative: Jesus oder der »goldene Schuß«.

Jesus als Alternative? Aber . . .

Hans fragt Gerhard, ob er bereit sei, mit ihm niederzuknien. Dieser lehnt ab: Er werde niemals auf die Knie gehen, schon gar nicht vor Zeugen. Nun kniet Hans allein und betet für ihn. Kein Wort entgeht dem Zuhörer, als dieser Mann Gott, den Vater, anfleht, Gerhard zu retten. Zum ersten Mal in seinem Leben – er ist inzwischen 58 Jahre alt – hört er ein Gebet, das tief in sein Herz einschneidet.

Nach einer weiteren Stunde findet sich Gerhard neben Hans kniend wieder und betet:

»Herr, wenn Du mit meinem verpfuschten Leben noch etwas anfangen kannst, dann nimm es hin.«

Und der Herr nimmt es an.

Nach dem Gebet legt Gerhard seine zwölf Ringe und alle zehn Ohrringe ab. Von nun an geht er jeden Tag ins Jesus-Center, zu dem das »Café Augenblick« gehört. Dieses

Café ist als Aufenthaltsort für Jugendliche, Arbeitslose, Drogenabhängige, Ratsuchende usw. gegründet worden. Hier fangen die Christen, die im Jesus-Center mitarbeiten, Menschen auf, die handfeste Hilfe oder auch nur ein Gespräch suchen.

Ein neues Zuhause

Spontan äußert Gerhard die Bitte, einen Gottesdienst besuchen zu dürfen. Hans gibt ihm die Adresse einer Baptistengemeinde in Altona, Daimlerstr. 38, und am darauffolgenden Sonntag wartet er im schwarzen Tuchanzug vor seiner Wohnung auf den, der ihn abholen soll.

Passanten lächeln: Rocky mit Schlips und Kragen!

Das Gemeindeglied verspätet sich.

Er steht länger auf der Straße und spürt die Blicke der Leute.

Die Fahrt zum Gottesdienst geht dann viel zu schnell, denn er hat Angst vor dem, was jetzt kommt. Als er aussteigt, fühlt er zwei Stricke an sich zerren. Ein recht starker Strick im Rücken versucht, ihn zurückzuziehen, ein zweiter zieht ihn hinein in die Gemeinde.

»Man soll nicht denken«, sagt er später, »daß jetzt *mit einem Schlag* alles schön war und ich vom Boden abhob. Ich merkte aber, daß jemand dabei war, von mir Besitz zu ergreifen, obwohl der Böse durch alte Bindungen noch Macht an mir hatte. Zwei entgegengesetzte Kräfte kämpften von jetzt an in mir.«

Er ist von Angst vor Ablehnung und kritischen Blicken geplagt und fühlt sich plötzlich nur noch von Liebe umgeben. Als am Anfang des Gottesdienstes die Gäste vorgestellt werden, bekennt der von der spontanen Aufnahme Überwältigte laut:

»Ich glaube, ich bin hier kein Gast. Ich habe ein Zuhause gefunden.«

Eine neue Familie

Alte, treue Gläubige nehmen den bunten Vogel ohne Vorbedingung an. Altgediente Diakonissen, der emeritierte Prediger, die Sonntagsschulkinder sagen ihm und lassen es ihn auch spüren, daß sie ihn liebhaben. Und er spürt: Hier wirkt nicht die Liebe von Menschen, sondern die Liebe dessen, der selber Liebe ist. Nur Gottes Liebe kann das möglich machen.

Liebe gegen Extravaganz.

Gerhard wird angenommen wie jeder andere. Wird er durchhalten, wenn er seinen Status als Star auf dem Kiez verliert?

Am nächsten Sonntag wird er im Gottesdienst begrüßt, als gehöre er schon Jahre dazu; nicht als Neuer, sondern als Bruder. Dennoch spürt er sehr schnell, daß bei den anderen Gemeindegliedern etwas anders ist als bei ihm: Sie können ihre Freude so spontan äußern! Wenn sie singen, wenn sie beten, sind sie innerlich beteiligt. Er selbst steht da wie ein Mehlsack – schwer, unsicher, bei aller Freude über das Neue auch etwas traurig. Trennt ihn denn noch irgend etwas von Gott?

Ein neuer Mensch

Am nächsten Tag sitzt er wieder im »Café Augenblick«. Frank, der Leiter des ganzen Unternehmens, erwartet ihn schon:

»Wir müssen alles, was unser altes Leben betrifft, unters Kreuz bringen«, sagt er. »Das nennt man eine Lebensbeichte. Damit räumst du allen Dreck, den groben Mist und den feinen Staub aus deinem Leben raus. Jede Bindung an die Finsternis muß unterbrochen werden.«

Die nächsten zwölf Tage sitzt er in seiner Wohnung am Tisch und schreibt. Ein Bogen nach dem anderen füllt sich. Alles was ihn quält, jede Belastung, die ihn niederdrückt, jedes Vergehen gegenüber Mitmenschen, an das er sich erinnern kann, bringt er zu Papier. Jetzt erst übersieht er das ganze Ausmaß seiner Schuld vor Gott und den Menschen.

Zwei Tage später bittet er um einen Termin im Jesus-Center. Während er alles im Gebet vor Gott ausspricht, stehen ihm Bindungen, Ansprüche und Mächte der Finsternis so klar vor Augen, daß er beinahe zusammenbricht. Sein schriftliches »Geständnis« wird verbrannt. Weil Jesus am Kreuz dies alles auf *sich* genommen hat – Gerhard beginnt zu begreifen, was das heißt –, kann diese Liste seiner Sünden ins Feuer geworfen werden. Begreifen? Eigentlich unbegreiflich! Und daß ER ihn schon vorher – als Sünder – geliebt hat – in Gerhards Herzen wird immer mehr Raum für die Freude. Stück für Stück wird er frei. Seine Gesichtszüge, sein Blick verändern sich.

Beim nächsten Gottesdienst fragen erstaunte Gemeindeglieder:

»Gerhard, was ist mit dir? Du bist ja so anders!«

Und er, der nun endgültig aufgehört hat, Rocky zu sein, antwortet aus freiem Herzen: »Jesus ist Sieger geworden!« Seine strahlenden Augen können nicht lügen. Das tätowierte Äußere und der freigewordene Blick bilden einen seltsamen Kontrast.

Er beginnt, mit der Gemeinde, seiner neugewonnenen Familie, zu leben. Gleichzeitig knüpft er enge Beziehungen zu einer missionarischen Jugendarbeit, die sich in Hamburg der jungen Punker annimmt. Hier sieht er eine Möglichkeit, Menschen nachzugehen, die so sind wie er – bis vor kurzem war.

8. Beziehungsfragen

Schulung erfährt er in Gebetskreisen, Wachstum in der Stille vor Gott. Ein schwieriger, bis heute nicht abgeschlossener Lernprozeß ist das Abschiednehmen: Er muß erfahren, daß es auch für Christen schwer ist, liebgewonnene Menschen loszulassen, und daß dies gerade für »Menschenfischer«, wie Jesus seine Jünger sieht, zum Beruf gehört: Menschen, die bei einem Missionseinsatz oder auch nur während eines wegweisenden Gesprächs auf die richtige Fährte gebracht werden konnten und die man nach den ersten Schritten selbständig laufen lassen muß – das wird immer ein Abschied. Er erlebt Trennung durch den Ruf Gottes, durch Krankheit, Tod. Nun geht der Schmerz direkt durch ihn hindurch. Der »starke Mann« von der Reeperbahn bekennt sich zu seiner Verletzbarkeit.

Andererseits bleiben wegen seiner manchmal übersteigerten Empfindlichkeit Beziehungsfragen für ihn ein Problem, das geistliche Fragen wieder nach sich zieht.

Wer so alt geworden ist, wer so viele Schwierigkeiten zu verarbeiten hat, den will auch der Heilige Geist nicht auf die schnelle Tour ändern, sondern Stück für Stück, Rückschläge einbegriffen. Sonst liefe ein »Extremer« wie der ehemalige Rocky leicht Gefahr, nur ein anderes »Extrem« zu werden: Die Vorzeigeperson der geschäftstüchtigen Reeperbahngesellschaft von St. Pauli würde dann zur Vorzeigeperson einer nicht minder tüchtigen christlichen Gemeinde von – sagen wir – St. XY! Bekehrung – das muß jeder lernen, der mit Gott begonnen hat – ist nur der Nullpunkt. Dann erst beginnt die Arbeit gegen Ich-Sucht, Stolz, überzogenes Selbstbewußtsein, Extravertiertheit, Geiz, Hang ins alte Milieu.

Eine Gemeinde, die einen Menschen auf dem Weg in die Freiheit begleitet, muß immer wieder seine Selbstsüchte aufdecken, Lügen ertragen, evtl. Schulden mit übernehmen, zeitweilig für Kleidung, Fahrgeld und Essen sorgen, mit Enttäuschungen umgehen können. Sie muß unterscheiden können zwischen Traum und Wirklichkeit in dem, was er sagt, und selber immer ehrlich sein. Und ihre Liebe muß die Bereitschaft zur Korrektur einschließen. An diesem Punkt wird der tägliche Umgang mit der Heiligen Schrift ganz wichtig.

Auch die andern ändern sich

Aber ein Mensch wie Gerhard verändert natürlich auch seine Gemeinde. Diese war für Menschen wie ihn schon durch die enge Zusammenarbeit mit dem Jesus-Center in den frühen 70er Jahren offen geworden. Sie hat also schon vorher aufgehört, andere in den Rahmen zu pressen, in dem die Mehrheit ihrer Glieder lebt. Die Gemeinde weiß, daß es die Kranken sind, die den Arzt brauchen.

Auch der Gemeindepastor Dietrich Ehl spricht eine deutliche Sprache:

»Kranke, Merkwürdige, Hilflose, Lahme in einer Gemeinde sind Zeichen echten Lebens. Sie wollen nicht nur geduldet, sondern auch angenommen sein. Das bedeutet Selbstverleugnung, und wir bürgerlichen Gemeinden wachsen nur, wenn wir uns darin üben. ›Rocky‹ ist eine Anfrage an unseren Lebensstil. Ich bin dankbar, daß Menschen wie er mich in Frage stellen. Sie müssen auf ihrer Reise zu Gott bei uns Herberge finden. Und wir müssen lernen, uns in unserem Lebensstil zu bescheiden, damit der Abstand nicht unerträglich groß bleibt.

Schwierig ist es mit der Haltung der Überlegenheit gegenüber den Kaputten. Anstatt etwa einem Abhängigen jovial auf die Schulter zu klopfen, muß ich lernen, mich mit ihm zu freuen, mit ihm zu leiden und ihm ein Bruder zu sein.«

Und so freut sich die Gemeinde mit, daß Jesus einen solchen Sieg errungen hat. Sie ist betroffen von Gerhards Not, aber mehr noch ergriffen von der Anziehungskraft des Evangeliums, das Menschen in solcher Tiefe erreicht. Kinder aus der Gemeinde legen ihren »aufgeklärten« Lehrern Rockys Weg zu Jesus als Beweis vor, daß der Auferstandene heute lebt.

Auf einem Benefiz-Konzert in Hamburg

Gerhard braucht und sucht menschliche Nähe, die nun auch dort wächst, wo bisher wenig Wärme ausgestrahlt wurde. Die Gemeindeglieder gehen anders miteinander um; die Einladungen untereinander nehmen zu, das »Zwischenmenschliche« kommt in Bewegung.

So setzt ein von weit draußen kommender Mensch nicht nur neue Signale, sondern spürt auch Abschleifungen und Bruchstellen unseres Tuns und Nichttuns auf, die wir bisher nicht wahrgenommen haben. Wie der Glaube der Hure Rahab Gottes Volk weitergeholfen hat (Josua 2,8–21), so hilft auch »Rocky« einer gläubigen Gemeinde weiter – und natürlich umgekehrt.

Er befreit aus allen Ängsten

Eines Tages im August 1985 hört er, daß in etwa vier Wochen Taufe sein soll. Der Wunsch, in den Leib Christi getauft zu werden und damit das neue Leben zu besiegeln, war schon seit längerem in ihm gewachsen. Im Taufgespräch wird sein Wunsch nach völliger Hingabe an Jesus nochmals deutlich. Er will sich ganz trennen von dem alten Leben, in dem er der »Chef« war. Seitdem er weiß, welche Lebensfülle ein Leben mit Jesus gibt, will er der Sünde in sich keinen Raum mehr lassen. Er hat seit einigen Wochen erlebt, wie schön es ist, von Drogen frei zu sein, nicht mehr hassen zu müssen, sich in den Frieden Gottes zu bergen.

Vor der Taufe will er noch einiges aus seinem alten Leben bereinigen: Er besucht den ehemaligen Rockerpastor Weisbach und bittet ihn um Verzeihung, weil er immer nur bei ihm und nie bei sich die Fehler gesucht hat. Im Gegenzug bittet auch der Pastor ihn um Vergebung, weil er ihm, dem leise Schreienden, nicht nachgegangen ist. Gemeinsam können sie jetzt ihre Schuld zum Kreuz bringen.

Danach besucht er eine alte Frau, von der er einst Geld erpreßt hat. Aus Angst hat sie es nie zurückgefordert, hat es abgeschrieben. Wieder wird ihm klar, wieviel Gewalt er noch bis vor kurzem ausgestrahlt hat.

Er spricht eine Absage wie die Täuflinge der frühen Kirche: »Ich sage ab dem Bösen und allen seinen Werken...« und taucht schon vor dem eigentlichen Taufakt tief in die Freude des Erlöstseins ein.

Am 1. September schließlich wird er getauft. Die wenigen Meter von der ersten Bankreihe in der Kirche bis zum Taufbecken reichen aus, um ihm sein ganzes Leben noch einmal vor Augen zu führen. Die Taufe selbst überwältigt ihn. Er spürt eine innere Ruhe und einen Frieden, der nicht von dieser Welt ist.

Tod und Auferstehung in der Taufe

Sein Taufspruch ist nachzulesen in Psalm 34,5 und 6a:

»Ich wandte mich an den Herrn, und er antwortete mir; er befreite mich von allen meinen Ängsten. Wenn einer zum Herrn blickt, dann leuchtet sein Gesicht.«

Die Gemeinde nimmt in jeder Weise Anteil an diesem Tauffest. Da viele wissen, daß er sein letztes Geld ausgegeben hat, um noch vor der Taufe alle Schulden zu begleichen, wird er der erste Täufling der Gemeinde, der körbeweise Lebensmittel und einige Briefumschläge mit Geld erhält – neben den üblichen Büchern.

Das neue Leben bringt es mit sich, daß er gleich am nächsten Tag zu türkischen Nachbarn geht, um denen, die er früher gehaßt hat, seine Liebe zu erweisen. Es ist das erste Mal, daß er sich frei zu seinem vergangenen wie zu seinem neuen Leben bekennen kann.

Rocky ist tot

Nach der Taufe stellt Gerhard staunend fest, daß er sich über viele Dinge genauso ärgert wie früher. War nicht all das Böse im Taufwasser ersäuft worden? Kann es etwa schwimmen? Er geht nun zwar anders mit den eigenen zerstörerischen Gedanken um, aber diese Biester versuchen immer wieder, sich in ihm einzunisten.

Auf der Fahrt zu einer »Jüngerschaftsschule« schildert er einem erfahrenen Christen seine Not. Schon wegen dieses Gesprächs lohnt sich die Fahrt. Was er hier erfährt, erschreckt ihn: Auch wenn es noch bei der Taufe geheißen hat: »Rocky ist tot. Es lebe Gerhard in Jesus«, so muß er jetzt erkennen, daß nicht nur »Rocky«, sondern auch Gerhard »sterben« muß – jeden Tag neu. Das will geübt und gelernt sein – leicht ist sterben nie! Und doch steht dahinter die Freude der Auferstehung. In dieser Freude kann er kurz darauf Zeugnis davon ablegen, daß der gestorbene und auferstandene Jesus Sieger ist – auch in seinem Leben. Er muß dieses Bekenntnis nicht nur mit den Lippen ablegen, auch sein Körper weist Zeichen der Gnade Gottes auf: Der Knochenkrebs ist zum Stillstand gekommen.

Aber Gerhard stirbt weiter: Immer wieder brechen alte Wunden auf, die von Gott schon längst einmal behandelt worden sind und eigentlich geheilt sein sollten. Wie geht man pfleglich mit solchen Narben um?

Für Gott sind das offensichtlich besondere Gelegenheiten zum Gespräch mit seinem Kind. So wird auch für Gerhard selbst fünfzig Jahre alter »Mist« – demütigende Erinnerung an alte Schuld – Anlaß zu Gespräch mit Ihm und zu verstehendem Hören auf den leisen Notschrei seiner alten Kumpane auf St. Pauli. Er hat nun auch seine alte Ledermontur abgelegt, seine alte Jacke mit den langen Fransen und Hunderten von Straßsteinen.

Er hat sie Hans gegeben, der jede Samstagnacht mit Prostituierten und Zuhältern in St. Pauli über Jesus spricht und der auch Rocky half, eine so entscheidende Weichenstellung vorzunehmen. Hans trägt Gerhards Jacke als »Gesprächseinstiegshilfe« für Menschen in der berüchtigten Herbertstraße und in den umliegenden Discos des Hamburger Amüsierviertels.

Die dazugehörigen Kampfstiefel sind Hans zu groß. Er geht deshalb – erstmals in dieser Ledermontur – in ein entsprechendes Schuhgeschäft. Er steht noch in der Eingangstür, mit dem Blick auf Rockys Bild, das auch hier an der Wand hängt, als eine der Verkäuferinnen staunend feststellt: »Das ist doch Rockys Jacke!«

»Was ist denn mit ihm los?« fragt ein Kunde.

»ROCKY IST TOT«, entgegnet Hans.

Erschüttert reagieren Verkäuferinnen und Kunden: »Das habe wir schon lange befürchtet ... Er war einer der Besten von uns ... Er war immer bei uns – und nun ist er tot!«

In dieser Trauerstimmung fällt Hans ein: »ABER GERHARD LEBT...«

Gerhard? Wer war das – und was hatte der mit Rocky zu tun?

Die um Hans herumstehen, schauen ihn an wie einen, der geradewegs vom Mond kommt oder aus dem Irrenhaus – betrunken konnte er nicht sein.

Hans muß über ihre Reaktion lachen. Er erzählt, was mit Gerhard »los ist«, und nun staunen die Leute erst recht.

9. Der Gerettete hilft retten

Wieder im Krankenhaus – und doch ganz anders!

Trotz innerer Heilung muß Gerhard bald lernen, mit neuauftretenden körperlichen Schmerzen umzugehen: Metastasen. Er muß wieder ins Krankenhaus.

»Hat Gott also nur halbe Sache gemacht? Bin ich nicht ganz geheilt?« fragt er sich.

Doch dann wird ihm klar, daß, wenn auch keine Krankheit von Gott kommt, sondern einen versucherischen Angriff des Bösen darstellt, sie doch auch an Gott nicht vorbei kommt, Gott ihn also mit diesen Metastasen nicht allein läßt. So stellt er sich der Chemotherapie.

Früher hätte er sofort wieder seine Koffer gepackt, weil er von sich aus keine Widerstandskraft mehr hat. Aber vor Gott kann und will er nicht fliehen. ER selbst soll ja sein Arzt sein.

Bei der Einweisung wurde er als erstes nach seinen Angehörigen gefragt. Da er keine hat, gab er »Geschwister« aus der Gemeinde an, was das Krankenhauspersonal nicht weiter ernst nahm. Die Krankenschwestern beschließen, sich um den »vereinsamten Rocky« besonders zu kümmern. Solch einen bunten Vogel hat man schließlich nicht alle Tage auf der Station.

Aber dann staunen sie. Er braucht ihre seelische Aufrüstung gar nicht: Die Gemeinde steht nicht nur im Gebet hinter dem Bruder, es vergeht auch kein Tag, an dem ihn nicht mehrere »Geschwister« besuchen. Immer stehen frische Blumen und frisches Obst an seinem Bett. Alte Schwestern am Stock, auf Krücken oder im Rollstuhl scheuen den Weg ins Krankenhaus nicht, um mit Gerhard Gott um Heilung anzuflehen. Er wird besser versorgt als mancher »Patient mit Angehörigen«, wo es nicht wenigen schwer fällt, den eigenen Vater zu besuchen. Die Krankenhauspastorin staunt über die Lebendigkeit dieser Gemeinschaft. An Gerhards Krankenbett bedarf es nicht vieler Worte. Selbst der Pastor bekennt am Bett des Patienten: »Ich wollte dir vieles bringen. Und nun nehme ich mehr Freude mit, als ich brachte.« So gehen die Besucher reich beschenkt nach Gespräch und Gebet wieder nach Hause.

Die Wohngemeinschaft

Nach Gerhards Entlassung aus dem Krankenhaus will er in eine christliche Wohngemeinschaft einziehen: Die alte Wohnung erdrückt ihn; selbst die Wände fangen an, »zu ihm zu sprechen« und die alten Geschichten von Rocky, dem Irokesen, zu erzählen. Er kann die ständige Konfrontation mit der Vergangenheit nicht mehr ertragen. Ihm fehlt bisweilen die Kraft, gewisse Schränke zu öffnen. Er bittet andere Gemeindeglieder, die Wohnung aufzulösen.

So kann er direkt vom Krankenhaus aus in eine Männer-Wohngemeinschaft einziehen, die sich in demselben Haus befindet, in dem er sich bisher jeden Morgen um halb sieben zum »Beten für Hamburg« eingefunden hat. Er will mit anderen Christen zusammenleben, um Zeugnis zu geben und selbst weiterzulernen – mit und an seinen Brüdern. Aber auch er kann manchen Rat geben, weil er selbst so tief im Elend der Welt gestanden hat. Mit viel Herzenswärme geht er vor, wenn die Wohngemeinschaftler wieder mal einen »gestrandeten« Menschen von der Straße geholt haben. So hilft ein Geheilter dem »Noch-Kaputten«, und der bekommt auch Kraft, wieder für den Nächsten dazusein.

»Ich bin gern am Wasser und werfe kleine Steine hinein. Wenn ich nur ein kleines Kieselsteinchen wäre, dann könnte ich in Gottes Meer große Kreise ziehn«, sagt er.

Sie brauchen kein Sidol

Er ist überzeugt, daß ein Leben nicht erst so verpfuscht sein muß wie seines, um für eine gründliche Erneuerung »reif« zu sein.

Auch in jungen Jahren können Menschen ihr Leben auf eine neue Basis stellen, wenn sie sich der biblischen Bot-

Während einer Evangelisation mit Richard Kriese

schaft öffnen. Diese jungen Menschen will er erreichen, und dabei ist ihm die mittragende Gemeinde das wichtigste, denn in der Wohngemeinschaft läuft bei weitem nicht alles glatt ab.

»Wir sind nicht perfekt«, stellt er fest, »sonst hätten wir 'nen Heiligenschein und müßten ihn täglich mit Sidol putzen.«

Sie brauchen kein Sidol. Die zusammenlebenden Männer sind so verschieden, daß es schon an ein Wunder grenzt, daß sie sich gegenseitig ertragen. Sie leiden aneinander. Aber jede Aussprache bringt sie einander näher. Kein Tag geht zu Ende, an dem nicht alle ein Stück sterben müßten, um weiterleben zu können; kein Tag, an dem nicht das ganze Tagespensum an Schuld gemeinsam zum Kreuz gebracht wird.

»Man sollte nicht erst alt werden müssen, um neu anfangen zu können«, denkt Gerhard wieder einmal. Seine Zukunftsvision ist ein Haus, in dem junge Menschen, die ohne Hoffnung, ohne Zuhause und noch weitab von Jesus sind, in Liebe angenommen werden. Ein solches Haus wäre billiger und effektiver als jede staatliche »Rehabilitationsmaßnahme«. Wird er das noch schaffen? Er beginnt gegen die Zeit zu kämpfen.

Zweimal Bernd

Zuerst kommt Bernd, ein junger Alkoholiker. Er ist Anfang 20. Er bleibt in der Wohngemeinschaft, weil hier Christsein nicht nur geredet, sondern praktiziert wird; weil er nicht nur heilsame Erkenntnis, sondern auch Liebe und menschliche Nähe findet. Sicher hat ihn auch »Rocky«

neugierig gemacht. »Der ist ja«, wie der Neue erst mal meinte, »jetzt größenwahnsinnig und in die heilige Rolle geschlüpft.« Es dauert nicht lange, bis er merkt, was hier gespielt wird.

Bernd II., ein anderer Punker, ebenfalls Anfang 20, weiß nichts von »Rockys« alter Berühmtheit. Er kommt betrunken in die Wohngemeinschaft und erlebt, wie man auf ihn zugeht: verständnisvoll, behutsam, mit Liebe. Die Gespräche gehen so tief, daß der Junge die entstellenden Tätowierungen des alten Rockers nicht mehr wahrnimmt. Aber die Augen! Der Mann versteht, wenn Bernd redet; dieser hat den Eindruck, daß sein Gegenüber das Vielfache an schwerer Erfahrung auf dem Rücken hat, und trotzdem spricht aus seinen Augen so viel Positives, daß Bernd Vertrauen faßt. Lange hat er sich gefragt, ob er Gerhards Liebe und Zuneigung trauen kann, oder ob sie nur aufgetragen ist, um ein bestimmtes Ziel zu erreichen. Aber Gerhard setzt ihn nicht unter Druck, »schlägt ihn nicht mit der Bibel tot«, sondern lebt ihm sein neues Leben vor.

Anders lassen sich die miesen Erfahrungen kaputter Jugendlicher nicht »widerlegen«. Christlich-humanistische »Ideale« hätten hier nicht weitergeholfen.

Gerhard läßt Bernd auch im angetrunkenen Zustand in sein Zimmer: »Mehr als 'ne Sandkiste kannste daraus nicht machen.«

Bernd ist gerade auf Entzug, als Gerhard ihn zum ersten Mal in den Gottesdienst mitnimmt. Der Junge versteht wenig. In Leder und Ketten, schwarz geschminkt, stellt er sich zwei Stunden lang in den Gang. Er will damit nicht nur die Gemeinde provozieren; auf seine kaputte Art will er auch zeigen, daß er mit mehr Lasten zu kämpfen hat, als Gerhard alleine tragen kann. »Gott, ja, wenn's dich gäb' –

Gott, wenn de wirklich bist!« Er beginnt, Gott um Vergebung zu bitten, kann dies jedoch vor anderen noch nicht ausdrücken.

Weil Gerhard und die Gemeinde geduldig sind und keine Bedingungen stellen, kann Bernd langsam, etappenweise sein Mißtrauen ablegen. Er ergreift die Chance, sein Leben neu zu beginnen. Mit einem Wort von Charles de Foucauld, das man ihn auswendig lernen half, übergibt er am Ostermontag Gott sein Leben:

»Mein Vater, ich überlasse mich Dir.
Was Du auch mit mir tun magst,
ich danke Dir.
Zu allem bin ich bereit,
alles nehme ich an.
Wenn nur Dein Wille sich an mir erfüllt.«

»Amen – Amen«, sagt die staunende Gemeinde. Nur wenige hatten nach der kettenklirrenden Demonstration damit gerechnet. Heute besucht Bernd eine Jüngerschaftsschule und holt schon den Nächsten aus der Drogenszene von St. Pauli ans Licht.

Wenn Gemeinde und Kiez wie in der Person von Gerhard derart aufeinanderprallen, entsteht auch manche Begegnung, die einen zum Schmunzeln bringt. So ruft eines Tages ein hörbar Betrunkener aus der »Victoria-Bar« auf St. Pauli bei dem Gemeindemitglied Heinz an, dessen Nummer Gerhard dort in der Bar hinterlegt hatte. Gut gelaunt tönt der Mann aus der Bar, er sei Rockys »Blutsbruder«, lasse nichts auf ihn kommen und wolle ihn jetzt sprechen. Aber vorher wollte der Anrufer wissen, wer denn überhaupt am anderen Ende der Strippe sei.

Heinz antwortete fast selbstverständlich, er sei aus Gerhards Gemeinde.

»Ach«, sagte der Mann freudig lallend, »dann gehörst du ja auch zu uns. Dann bist du ja auch einer vom Kiez!«

Dabei hatte er sicher eine andere Art von »Gemeinde« gemeint.

Schüler wundern sich

Das Wesentliche des neuen Lebens, das sich so in Gemeinde und Wohngemeinschaft entfaltet, bleibt unspektakulär: Keiner – auch Gerhard alias Rocky nicht – ist etwas Besonderes. Niemand kommandiert. Fehler werden korrigiert – jedoch möglichst zuerst die eigenen. Leben ist in erster Linie Dienst am Nächsten. Arbeit wie Feten werden mit Gebet und Bibellese begonnen – so sieht es die Lebensordnung vor, die jeder einzelne anerkannt hat, bevor er einzog, nach der zu leben freilich nicht so leicht ist wie die guten Willens und in froher Glaubenszuversicht geleistete Unterschrift. Gebet und Bibellesen – das sind die eigentlichen Hilfen – wie gut, daß sie Pflicht sind!

Vier Wochen nach Bernds Lebensübergabe erhält Gerhard eine Einladung in verschiedene Klassen einer Gesamtschule. Hier schließt sich für ihn ein Kreis, denn er hat schon als »Rocky« hier vor Schülern gesprochen. Damals ging es um die Vorurteile gegenüber Tätowierten sowie die Motive, sich tätowieren zu lassen. Jetzt kommt er als Christ zu ihnen. Gebete begleiten ihn, als er – innerlich zitternd – in die Schule geht, von der er weiß, daß es hier Lehrer gibt, die durch Transzendentale Meditation, Pendeln, Rutengehen, Tarokkarten-Befragen und andere esoterische Praktiken gebunden sind.

Dankbar spricht er mit den Schülern über sein neues Leben.

Er freut sich, als sie trotz der alten Tätowierungen feststellen: »Du siehst ja jetzt ganz anders aus!«

Eine als unruhig bekannte Klasse hängt neunzig Minuten an seinen Lippen; die Atmosphäre erinnert eher an einen Gottesdienst als an eine Schulstunde.

Daß er diesen Dienst hier tun kann, verstehen diejenigen in der Gemeinde als eine Gebetserhörung, die seit zehn Jahren für die Absolventen dieser Schule regelmäßig beten.

Einer Lehrerin fällt auf, wie ernst er die Kinder nimmt, wie einfühlsam er zu ihnen spricht. Zehnjährige fühlen sich als Erwachsene angesprochen, was soviel heißt wie: als gleichwertige Menschen. Es ist ja auch kein angelesenes Wissen, was er hier von sich gibt, sondern gelebtes, authentisches Leben. Dem entzieht sich kein Kind.

Sie vergessen darüber die Aufregung beim Eintritt dieses stadtbekannten »Rockers«. Hingerissen betrachteten sie ihn; so nahe haben sie ihn noch nie gesehen. Und dann hören sie ihn in einer ganz unaufdringlichen Atmosphäre von einem »Treppengeländer« erzählen, das alle Menschen einmal brauchen, um sich abzustützen, um weiterzukommen und dabei nicht abzustürzen. Er erzählt von sich und ein wenig auch von seinem Sturz und wie dankbar er jetzt ist, seit er weiß, daß Gott selber den Menschen ein solches Geländer geschaffen hat – er spricht von den liebevollen Geboten Gottes.

Masken

Vor Schülern der 10. Klasse spricht er von den Masken, hinter denen wir uns ständig verbergen müssen, egal ob

Bei aufmerksamen und fröhlichen Schülern der 10. Klasse

Lehrer oder Schüler oder Rocker auf dem Kiez.

Er erzählt, wie es damals war, als er sich seine eigene Maske eintätowieren ließ; daß er damals ein anderer Mensch sein wollte, einer, vor dem sich die Menschen fürchten sollten; aber daß ihn Gott gesucht und trotz der Maske erkannt und ihm selber alle Furcht genommen habe. Denn so sei es doch gewesen: Er selber habe sich am meisten gefürchtet.

Und nun sei ihm die Maske eingeätzt. Er könne sie nicht mehr ablegen. Aber er sei noch einmal ein anderer Mensch geworden, ein neuer, mit einem neuen Herzen, einem neuen Geist ...

Unter Tränen verläßt eine Lehrerin ihre Klasse.

Er stellt schließlich seinen neuesten Song »Die Maske« vor, den er Ende 1986 produzieren will:

Ich sehe nicht wie jeder aus,
versteh mich bitte nicht verkehrt.
Es hat auch einfach keinen Sinn,
wenn ich zuviel erklär!

Ich brauche meine Maske,
Du nimmst sie mir nicht ab.
Doch kommen wir auf Dich zu sprechen,
dann winkst Du auch nur ab.

Wenn Du meinst, ich trage eine Maske,
bitte sag mir, was trägst Du?
Vielleicht glaubst Du, daß Du besser bist.
Und diese Maske trägst nur Du.

Ich habe keinen Durchschnittskopf,
bei mir glänzt nicht der Lack.
Drehn sich die Leute nach mir um,
lach ich mir einen ab.

Unser Leben erfordert oft ein Maskentragen.
Aber Gott schaut durch alle Masken hindurch.
Wir haben es erst gar nicht nötig,
bei ihm eine Maske aufzusetzen.

Ehrlich bekennt Gerhard, daß auch für ihn das Christwerden kein Lichtschalter ist, sondern ein Lernprozeß, der ein Leben lang andauert. Viele Schüler, die bislang lautstark tönten: »Gott ist tot. Jesus ist ein Märchen!« kommen in tiefes Fragen. Er hält aus und antwortet, wie er kann.

Er empfindet die Tage an der Schule als Gnade, denn er selbst hat keine Kraft mehr. Eine Lehrerin berichtet über ihren Eindruck:

»Sein Äußeres steht nicht im Einklang mit seinem

Innern. Er strahlt Wärme aus, die zuerst durch sein Äußeres eingedämmt wird, weil wir so programmiert sind. Man erwartet zuerst einen lauten, unsicheren Typ, der sich sehr schnell als eher still herausstellt. Seine radikale Wandlung macht nachdenklich. Dabei entsteht natürlich auch Skepsis, ob seine Veränderung nicht nur eine neue Masche, eine neue Rolle darstellt. Aber seine Augen überzeugen einen, und man glaubt seinem Bekenntnis. In seinem Gesicht, das noch die äußeren Zeichen der Zerstörung trägt, strahlen sie Wärme und Geborgenheit aus.«

Vielleicht spürte sie, daß diese Ausstrahlung von Geborgenheit aus einer ganz anderen Quelle kommt. Wenn sie wirklich zugehört hat, kann sie darüber nicht im Unklaren sein.

Schülereindrücke

Manche Lehrer und Eltern laden Gerhard zu sich nach Hause ein. Auch hier wiederholt sich das zuvor Erlebte: Der einst extreme Exhibitionist »Rocky« hört zu, nimmt sich zurück. Menschen haben eine wohltuende Zeit der Stille mit ihm. Er, der sich jahrzehntelang um sich selbst gedreht hat, führt sich selbst nicht als Exoten bei Fremden ein, den man zu bestaunen hat, sondern als Freund. Einer der Besuchten folgt ihm in eine Evangelisationsveranstaltung und beginnt ebenfalls ein neues Leben.

Auch viele Jugendliche sind durch seine Besuche nachdenklich geworden.

»Als ich Rocky zum ersten Mal sah«, schreibt die vierzehnjährige Christine, »war mir etwas unheimlich. Ich dachte nur: Was geht in solch einem Menschen vor? Ich wußte darauf keine Antwort, wollte mich jedoch fernhalten, weil das alle taten. Als er aber eines Tages zu uns in die Klasse kam und etwas über sich erzählte, bereute ich mein Verhalten, denn ich merkte, daß er gar nicht daran Schuld war, daß er früher den Drogen verfallen war und gewalttätig wurde. Wenn einer immer wieder für gewalttätig gehalten wird, schlüpft er in die Rolle rein, in die ihn die Gesellschaft drängt.«

Die fünfzehnjährige Sara schreibt:

»Ich habe auch zu den Menschen gehört, die Gerhard nach seinem Äußeren und seiner Vergangenheit beurteilt haben. Jetzt weiß ich, daß nur das Innere zählt. Ich glaube, daß Gerhard ein ganz großer Beweis dafür ist, daß, auch wenn man tief gegangen ist, der Weg zu Gott offen bleibt. Auch wenn er krank ist, muß er im Innern doch glücklich sein, seinen Weg zu Gott zu gehen.«

». . . Ich ahnte nicht«, gibt der sechzehnjährige Sven zu, »was mir das Zusammentreffen mit Rocky bringen und wie es mein Leben verändern würde. Als ich ihn das erste Mal sah, dachte ich: ›O Mann! Gefährlich!‹ Als ich dann mit ihm sprechen konnte, merkte ich, daß er innen ganz anders war als draußen. Selbst von Krankheit gezeichnet, setzt er sich für andere ›Kranke‹ ein. Er ist ein Mensch, der die Kraft bei Gott fand, die unsere Welt wieder einrenken könnte. Er kann mit allen reden, denn er kennt beide Seiten sehr gut.«

Andere Schüler schreiben Gerhard Karten, rufen ihn an, besuchen ihn.

Im alten Milieu

Nach einem Jahr Pause marschiert Gerhard im Mai 1986 wieder über die Reeperbahn, zum ersten Mal nicht in Leder. Im berühmt-berüchtigten »Elbschloßkeller« begrüßen ihn alte Bekannte und staunen über seinen Anstecker am Revers: »Jesus lebt« steht drauf.

»Wat denn? Jesus lebt, is dat dein Ernst?«

»Klar«, lächelt Gerhard freundlich zurück, »sonst würd' ich das ja nicht tragen.«

Ein wenig verunsichert und betont leiser fragen ihn die bierseeligen Gesellen: »Aber – kennst du uns dann noch? Kommst du dann noch weiter mal rum?«

Er staunt über diese Frage. So groß ist also der Abstand zwischen Kirche und Kiez. Zwischen Gottes Gemeinde und diesen Verlorenen, für die Jesus starb.

Liebevoll schaut Gerhard sie an: »Na klar doch. Jetzt erst recht. Ich hab Euch doch lieb!« Er spricht ohne jede Scheu von der Liebe Gottes, die er erfahren hat, von der er lebt, und von Jesus, dem Lebendigen, der auch die Kumpels liebt. Ob sie es ihm abnehmen?

Das Festival

Im Juni 1986 werden Gerhard und ich zum ersten »Dünenhof-Festival« der Gruppe »Weggemeinschaft«* in Berensch bei Cuxhaven eingeladen, zusammen mit Jan Vering, Werner Hucks, Dr. Peter Lincoln u.a. Diese »Weggemeinschaft« ist eine Lebensgemeinschaft von fünfzehn jungen Christen, die als Familien und Alleinstehende in der Nachfolge Christi leben und arbeiten wollen. Als eines ihrer Arbeitsgebiete betreiben sie ein großes Freizeitheim in der Nähe Cuxhavens, in dem jährlich einmal das sogenannte »Dünenhof-Festival« stattfindet.

---

* Literaturhinweis: U. Eggers »Gemeinschaft – lebenslänglich«, R. Brockhaus Verlag, Wuppertal 1986[2]

Noch am Hamburger Hauptbahnhof ist er so schwach, daß ich nicht weiß, wie ich ihn nach Cuxhaven bringen soll. Überall muß er sich abstützen. Ich bete mit ihm. Je näher wir Cuxhaven kommen, desto mehr Kraft bekommt er. Am Abend hält es ihn schon nicht mehr auf dem Sofa, das man ihm auf die Bühne gestellt hat. Fast zwei Stunden lang steht er am Mikrophon. Ich traue meinen Augen nicht.

Das Publikum, rund 200 junge Leute, kann mit Bekehrungsgeschichten wohl wenig anfangen. Dennoch oder gerade deshalb sind viele tief bewegt, weil sie Bekehrung nie so konsequent, so radikal erlebt haben.

Eigentlich wollten wir nach dem ersten Abend abreisen. Jetzt aber spricht er noch an drei weiteren Festivaltagen aus übervollem Herzen zu seinen jungen Zuhörern und Gesprächspartnern. Etwa dreißig »Nachgespräche« zu zweit oder in Gruppen muß er bewältigen.

Am ersten Abend kommt es zu einer überraschenden Begegnung. Ein etwa 50jähriger Mann geht auf Gerhard zu und bittet ihn um Vergebung. Dieser versteht zunächst nichts, bis der Mann berichtet:

Vor über zehn Jahren hat er – noch in Heilsarmeeuniform – Rocky in der Talstraße auf St. Pauli gesehen und Gott angefleht, er möge diesen gewaltausstrahlenden Menschen doch fernhalten, damit er den Straßengottesdienst nicht störe.

Und jetzt steht dieser selbe Mann vor ihm und spricht von der Kraft des Auferstandenen, und er spricht allein aus dieser Kraft, denn das bleibt dem Straßenmissionar nicht verborgen: Dieser Mann da oben auf der Bühne ist körperlich ein Wrack. Und dann denkt er weiter: Was hätte wohl aus ihm werden können, wenn er schon vor zehn Jahren von Jesus gehört und an ihn geglaubt hätte. Ein Gefühl von

Auf dem Dünenhof-Festival

Schuld steigt mit dieser Erinnerung in ihm hoch. Er sagt es im Gebet Gott, und dann geht er auf Gerhard zu. Im Verlauf des Abends dankt er immer wieder Gott für das, was er hört und sieht, und es wird ihm zum Geschenk.

Junge Menschen, deren Familien seit Generationen Christen sind, erkennen im Gespräch mit Gerhard, daß ein 50- oder 80prozentiges Christsein wenig nützt, ja eigentlich gar nicht geht. Christsein ist eine radikale Sache, bei der es mit Jungschararbeit, Gottesdienst und Tischgebet allein nicht getan sein kann.

Im Abschlußgottesdienst am Pfingstmontag wünscht er dem »Dünenhof« und der »Weggemeinschaft«, »daß ihr so wachst, wie es nur unter Gott möglich ist. Denn er allein ist die Kraftquelle.«

Es soll an dieser Stelle nicht verschwiegen werden, daß sich auch der Christ Gerhard Bauer viele liebenswerte »Schrulligkeiten« erhalten hat und sogar uraltes väterliches Erbgut. Davon konnte ich auf dem »Dünenhof« allmorgendlich einiges erleben, wenn er unser Zimmer gegen sechs Uhr früh in einen preußischen Kasernenhof verwandelte. Mit dem scharfen Ton eines Feldwebels weckte er mich:

»Michael, die Losung!«

Ich fuhr aus süßem Schlummer auf und griff zu »Losung« und Bibel und las.

Danach dankte er mit tiefer Generalsstimme für dieses gute Wort und den neuen Morgen, um sich dann – ich verzog mich wieder unter meine Decke – vor dem Spiegel ausgiebig das Oberlippenbärtchen zu färben und die Haare zu stylen.

Sterbenskrank im Dienst

Ob der Glaube standhält?

Wenige Tag nach der Rückkehr aus Cuxhaven muß Gerhard erneut ins Krankenhaus in Altona: Eine Lunge ist völlig zerfressen, von der anderen arbeiten nur noch 20%. Der Unterleibskrebs wuchert weiter. Er selbst ist so schwach, daß er kaum noch aus eigener Kraft die Nachttischschublade öffnen kann. Und dennoch beginnt hier erst die eigentliche Geschichte des »Missionars« Gerhard Bauer.

Obwohl man meint, er liege auf dem Sterbebett, wird er mit Macht – Gottes Macht – gebraucht, um anderen zum Leben zu verhelfen:

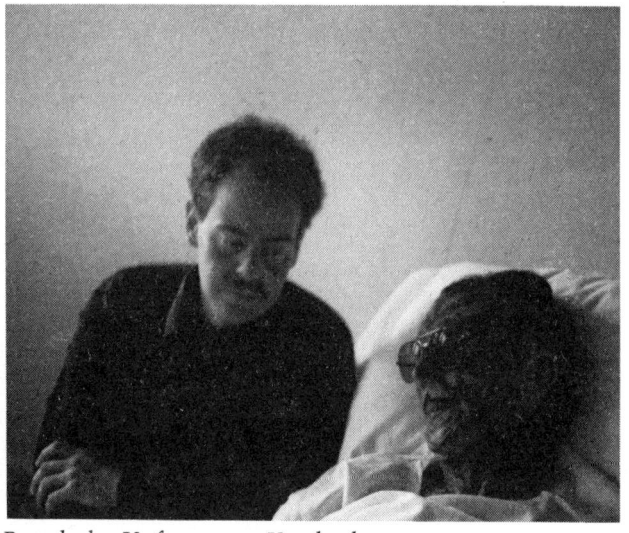

Besuch des Verfassers am Krankenbett

Ein Mädchen in Punkkleidung mit nachdenklich-traurigem Blick bittet Gerhard um Rat und hält dabei seine Hand. Tränen fließen über die schwarzgeschminkten Lidränder. In der Situation totaler menschlicher Schwäche kommt es zu einem stärkenden, weil lebenweckenden Gespräch.

Am darauffolgenden Tag kommt ein 15jähriger Junge, zu dem kein Lehrer je Zugang gefunden hat. Er hält es nicht mehr aus, daß seine Mutter ständig neue Männer mit nach Hause bringt, die kaum älter sind als er selbst. Gerhard kennt die Szenenkneipe, in der die Mutter verkehrt; er kennt auch die dortigen »Gepflogenheiten« und bestellt sich die Frau an sein Krankenbett.

Ein anderer Schüler, 17 Jahre alt, ist »auf Heroin«. Er kommt jede Woche. Gerhard betet mit ihm. Der Junge erlebt es vielleicht zum ersten Mal, daß da einer ist, der ihn versteht.

Viele Schüler sind tief betroffen von Gerhards erneuter Einweisung ins Krankenhaus. Einige schreiben ihm Gedichte – Verse, auf die jeder Deutschlehrer vergeblich wartet.

Elli Pirelli u. a.

Eine Woche später ruft die Rockröhre Elli Pirelli aus Udos »Panikfamilie« den ehemaligen »Rocky« im Krankenhaus an und fragt:

»Sag mal, Gerd, wie ist das eigentlich mit dem Leben nach dem Tod?«

Gerhard antwortet ruhig: »Dann geht das Leben erst los!«

Drei Wochen später ruft Elli wieder an. Frei bekennt sie,

sie wisse nun, daß wirkliche Kraft nur von Gott kommt. Schließlich spricht sie den Wunsch aus, Gerhard ohne Schmerzen, im neuen Kleid, bei Jesus in Herrlichkeit wiederzusehen.

Beide weinen ins Telefon. Beide bekennen voreinander die Sinnlosigkeit eines Lebens von einer Tournee zur nächsten, von einer Show zur anderen, von dem ewig unruhigen Getingel und Unterwegssein. Wirkliches Wachstum findet nur in der Stille statt, häufig nur in der Not, sagen sie.

Beide wissen, wovon sie reden, wenn sie von Show und Sinnlosigkeit und Not sprechen.

Kurz danach geht die Tür auf, und ein Mann in schwarzem Leder tritt an Gerhards Krankenbett. Es ist Klaus, ein Rocker aus Gerhards frühen Tagen in der Gewaltszene. Er hat ihn durch alte Bekannte in Hamburg aufgestöbert ohne zu wissen, was inzwischen passiert ist.

Die Wiedersehensfreude beider ist groß. Als Klaus Gerhard fragt, ob er immer noch auf Heroin ist, antwortet dieser lakonisch: »Ich hab jetzt was Besseres gefunden.«

Blitzartig wird der alte Rockerfreund hellhörig, denn er erwartet einen neuen »Stoff«; aber Gerhard kann ihm nur von der heilenden Liebe Jesu weitersagen. Manches davon versteht Klaus nicht, aber er will wiederkommen.

Ein weiterer Lebenskreis scheint sich zu schließen:

Udo Lindenberg erkundigt sich bei seiner Tourneeärztin nach Gerhard. Udo weiß, daß sein Freund etwas gefunden hat, was ihn ruhig werden läßt, wonach er selbst aber noch sucht.

Über den Krankenhausrundfunk bedankt sich Gerhard für die liebevolle Pflege, spricht den Kranken aller fünfzehn Stockwerke Lebensmut und Gottes Segen zu.

Immer mehr Menschen, nicht nur »Kaputte«, kommen, weil sie spüren, dieser Mann sieht »nicht nur den Besoffenen, sondern auch, warum er trinkt«. Ein Schüler bringt seinen eher skeptischen Vater mit zu Gerhard ins Krankenhaus. Der ist selbst krebskrank und lebt in Scheidung. Er kommt wieder. Der von Kobaltstrahlungen geschwächte Gerhard kann nur noch von Gottes Liebe flüstern.

Aus der Nachbargemeinde kommt eine 18jährige Jungscharleiterin, aufgewachsen in behütet-pietistischem Elternhaus, mit einem Strauß Blumen in der Hand, und bittet Gerhard um Rat: Ihre Mutter ist sterbenskrank! Unter Tränen sagt ihr Gerhard die schlichte, letztlich auch sie und ihn stärkende Wahrheit:

»Wir müssen lernen loszulassen. Dann werden wir das Leben gewinnen.«

Amen, kann man da nur hinzufügen und hoffen, daß man selber es rechtzeitig lernt.

10. Hilfe für Helfende – an Stelle eines Nachworts

Umgang mit Maskenträgern

Gerhard Bauer ist ein Zeitzeuge unseres Jahrhunderts: Die Zerrissenheit der Deutschen nach dem 1. Weltkrieg und der Faschismus als seine brutale Konsequenz bestimmen seine frühen Jahre als Kind eines Nazibeamten inmitten eines proletarisch-sozialistischen Wohnviertels der alten Reichshauptstadt. Die Niederlage des Dritten Reiches bedeutet für ihn den Verlust des Vaters und des Elternhauses. Die hoffnungsfrohe Verbindung zwischen dem Nazijungen Gerhard und der Tochter ehemaliger Widerstandskämpfer scheitert letztlich an der Politik der Besatzungsmächte im geteilten Deutschland.

Die DDR ohne Maske lernt Gerhard im Straflager Bautzen kennen. Es dauert nicht lange, bis für ihn auch die Maske des westdeutschen Wirtschaftswunderstaates fällt, indem er erkennen muß, daß seine Minderheiten, besonders Behinderte, vielfach als Menschen zweiter Klasse behandelt werden. Gerhard muß schließlich erfahren, daß auch das Leben unter den Aussteigern aus dieser Gesellschaft – Rockern wie Punkern – eigene »Gesetze« schreibt, die die Brutalität der offiziellen Gesellschaft noch bei weitem überbietet.

Einsamkeit, Identitätsverlust und Menschenverachtung finden ihren Gipfel in der glitzernden Welt des Showgewerbes, in der Rockszene um Udo Lindenberg.

Diese »absteigende Linie« wird nur scheinbar unterbrochen durch die Begegnung mit sogenannten Traditions-

Christen, die sich dieser Entwicklung nicht nur nicht in den Weg stellen, sondern sie akzeptieren und teilweise an ihr teilhaben.

Die Erfahrung Gerhards:

»Die meisten glauben nicht, was sie sagen, zumindest handeln sie nicht danach.«

Soziales Engagement und Mitmenschlichkeit allein, ohne die ganz persönliche Inanspruchnahme der Kraft des Auferstandenen, haben nicht ausgereicht, ein Leben wie das des Rockers Gerhard Bauer zu heilen.

Eine Anfrage an Jünger

Wer seine Geschichte liest, wer ihm in die Augen sieht, steht plötzlich vor der Frage, ob er bereit ist, sich Menschen wie Gerhard zu öffnen. Entzieht er sich, wird ihm der Mensch Gerhard Bauer, sein Schicksal und sein Durchbruch zum Leben eher ein Ärgernis bleiben. Diesem Ärgernis sehen sich »Rechte« wie »Linke«, »Ungläubige« wie »Fromme« ausgesetzt. Wer sich dagegen auf den Weg ganzheitlicher Nachfolge begeben hat, wird staunen und sich freuen an der Größe unseres Gottes, der Wunder wirkt an Menschen, die wir meist schon aufgegeben haben. ER hat »Rocky« erreicht, als es nach unserer Uhr vielleicht schon 5 nach 12 war.

Aber wer kennt sich schon mit Gottes Zeitrechnung aus! So hat ER es zu Seiner Zeit mit diesem verlorenen Sohn geschafft. Er brauchte dazu ein paar Pantomimen, ein paar vorurteilslose Jünger Jesu, die ihm nun auch weiterhin als Werkzeuge Seines Friedens zur Verfügung stehen.

»Es kommt darauf an, daß man ein Mensch ist mit Blut in den Adern und einem Herzen.«

Nur bedingungslose Annahme hat Gerhard in die Gemeinde Gottes geführt. Die Liebe Gottes basiert eben auf bedingungsloser Annahme. Sie, die stärkste Waffe, hat auch einen Menschen wie Rocky »entwaffnet«. Menschen, die von Gottes Liebe erfüllt waren, haben sich von Rockys Fassade nicht abschrecken lassen. Sie haben ihren Stolz hinter sich gelassen. Sie haben nicht nur auf das »Äußere« gesehen. Gott schenkte ihnen den Blick für die Zerrissenheit eines Menschen, den Gott selbst schon geheilt sah. Er gab ihnen die Ahnung eines prophetischen Lichts.

So können wir uns die Gabe von Gott schenken lassen, Menschen zu »durchschauen«, d.h. in ihr Herz zu sehen (1. Sam. 16,7).

Die Voraussetzungen

Die Liebe – auch zu Menschen wie dem ehemaligen Rocky – hat der erneuernde Glaube potenziell in jedem von uns angelegt. Nur haben sich da allzuhäufig die überlagernden Schlacken angesammelt, so daß das lebendige Wasser (= Liebe Gottes) nicht durch die Wasserleitungen unseres Lebens fließen kann. Den Kalk der Berührungsangst, der Abscheu und des Hasses können wir nur Gott ausräumen lassen.

Das ist nötig und brandaktuell. Gerhard Bauer sieht das und spricht darüber aus eigener notvoller Erfahrung. Bis in die letzten Kriegstage hinein war er – wie viele junge Leute – mitgerissen vom massenpsychologisch geschickt aufgeputschten Fanatismus der Nazis: »Führer befiel – wir folgen«. Warnend bekennt Gerhard heute, daß der Haß, der damals gegen Juden und Russen geschürt wurde, heute mit ausgewechseltem Schema, aber vergleichbarer Gefahr gegen türkische Gastarbeiterfamilien mobilisiert wird. Er berichtet, wie heute biedere Nachbarn in seinem Stadtteil an ehemalige Wehrmachtsoffiziere herantreten mit der Bitte, ihnen Tips zu geben in der Bekämpfung der ungeliebten Minderheiten. Gerhards heutiges Resümee aus der Nazizeit: »Nur Jesus Christus kann uns befreien vom Fremdenhaß, weil wir von ihm lernen, im Fremden den Bruder zu sehen.«

Der Mensch, der aus der Liebe Gottes lebt, ist nicht einordbar: er gibt anderen Rätsel auf, macht andere aufmerksam. »Gott in ihm« ist die Erklärung dieses Rätsels.

Der Mensch braucht nur zu sein, was er von Gott aus ist: Sein Kind. So erfährt er Ruhe und Selbstbewußtsein, deren Grundlage das Angenommensein durch Gott ist. Nur in dieser absoluten Geborgenheit kann ich dem »Kaputten«, dem Gewalttätigen, dem Brutalen begegnen. Alles, was ich dazu brauche, ist die Auslieferung meines Lebens an Jesus Christus und volles Vertrauen zu ihm. Gehorsam gegenüber Gott, das Vertrauen, daß ER aus dem Absurden auch etwas Positives macht.

Das bedeutet auch, daß ich in den kleinen Dingen des Alltags treu bin, als wären es große; dann wird mir Gott die Gnade schenken, die großen Dinge zu tun, als wären es kleine. Dabei kann Gott jede Angst nehmen und in Liebe verwandeln.

Sicher ist allerdings auch, daß alle, die Jesus nachfolgen, Verfolgung erleiden werden. Deshalb stellen wir uns täglich unter den Schutz des Blutes Jesu Christi und beten: »Herr, mach mich zu einem Mann/einer Frau nach Deinem Herzen.«

Stimmt das Bild?

Nun läuft nicht jede »Rocky-Geschichte« so ab wie die, die wir gerade erzählt haben. Viele Kaputte gehen zurück in ihr altes Leben. Das liegt zum einen sicher an den »Christen«, die nicht das leben, was sie sagen. Zum anderen aber stimmt das Gottesbild vieler – gerade junger – Christen nicht, wenn sie annehmen, Gott »tanze nach ihrer Pfeife«, wenn sie nur darum beten. Dann darf Jesus zwar ihr Erlöser, nicht aber ihr Herr sein. Er darf dann unsere Sachen absegnen, aber nicht in allen Bereichen unseres Lebens wirklich herrschen. Glauben findet leider für viele nur zu bestimmten Zeiten statt. Die alten Götzen werden nicht ins Feuer geworfen: Aussehen, Schönheitsideale, Image, geschäftlicher Status, Wohlleben bleiben in Geltung. Darum hören sie auch nicht hin, wenn Jesus sagt:

»Nicht jeder, der ständig Herr zu mir sagt, wird in Gottes neue Welt kommen; sondern der, der auch tut, was mein Vater im Himmel will« (Matth. 7,21).

Sicher müssen Menschen, die neu zu Jesus gekommen sind, Fehler zugestanden werden, die jeder Christ zu Anfang macht – wie wir sie auch den alten Christen zugestehen müssen, die ihre Fehler immer noch machen. In Liebe müssen wir aber auch zur Korrektur bereit sein – gebend und nehmend.

Radikalkur und Gnade

Wer einmal eine echte Entscheidung für Jesus getroffen hat, geht nicht zurück in die Finsternis, auch wenn es Umwege und Rückschläge immer wieder geben wird.

Viele Neubekehrte aus kaputtem Milieu verzweifeln, weil sie ihren eigenen Glaubenserwartungen nicht gerecht werden. Sie können sich häufig nicht selbst vergeben. Sie müssen oft so viele Male mit derselben Sünde zum Kreuz, bis sie akzeptieren, daß sie ihnen wirklich vergeben ist.

Manchmal bedarf es allerdings intensiverer Seelsorge: Immer mehr Menschen, nicht nur aus Rockys Milieu, sind heute belastet durch okkulte Praktiken, pervertierte Sexualität, Lästergedanken, Abtreibungen etc., und allzu viele »Seelsorger« schicken diese Menschen zu Psychologen und Ärzten, obwohl oft nur eine echte, ehrliche Absage gegen alle Mächte des Bösen eine innere Heilung und Befreiung bringen kann.

Viele reduzieren die Gnade Gottes vorschnell auf ein individuelles Maß. Nach diesem Maß könnte ein Mann wie »Rocky« keine Vergebung erfahren. Doch die Gnade Gottes ist unerschöpflich für den, der sie im Vertrauen annimmt.

Wir können getrost wissen, daß ein Samenkorn, das ja ein potenzieller Baum ist, früher schon auch in Gerhard angelegt war. Es hat Jahrzehnte gedauert, bis das wirkliche Leben endlich in ihm wachsen konnte. Heute ist er eine neue Schöpfung. Der Grund zum heutigen Gerhard war in ihm schon lange vorher durch den gelegt, der ihn erschaffen hat. Wir müssen nur lernen, daß es im Reich Gottes nicht so geht wie mit Aladins Wunderlampe.

Viele Gedanken der letzten Seiten stammen aus einem intensiven Gespräch mit jenem Hans aus dem Jesuscenter, der seit zwölf Jahren Menschen in Not nachgeht und so auch Rocky begegnet ist.

11. Daheim – Februar 1987

Mein Buch schließt im August 1986 ab. Seitdem sind sechs Monate vergangen, und manches Entscheidende um und mit Gerhard (Rocky) ist passiert. Der erzählende Teil des Buches endet mit dem Besuch einer behütet und bewahrt aufgewachsenen Jungscharleiterin an Gerhards Krankenbett, einem Mädchen, dessen Mutter im Sterben lag und die bei dem alten Rocker Gerhard Rat suchte ...

Inzwischen ist die Mutter gestorben, und das Mädchen kam jede Woche zu Gerhard, um nach langen Gebeten – vor Freude weinend – nach Hause zu gehen und ihrem einsamen Vater zur Seite zu stehen. Bald brachte sie ihre Freundin mit und die wieder ihre Freunde, und der Besucherkreis an Gerhards »Missionsbett« vergrößerte sich ständig. Menschen, die sich nie begegnet wären, wurden durch Gerhard von Gott zusammengebracht – Menschen vom Kiez, aus dem Showgeschäft, der Schwulen- und Rockerszene und die, die seit Jahrzehnten mit Jesus leben – und sind ins Fragen gekommen. Viele Kontakte wirken fort. Elli Pirelli ruft fast täglich bei Gemeindegliedern an. Andere gehen im Glauben weiter, so der Schriftsteller und Filmemacher Dr. Thomas Ayck (letzte Veröffentlichung: »Stintfangsänger«, Fischer-Verlag), auch ohne engeren Kontakt zu ihrem Glaubenseinstieg »Rocky« halten zu können.

Schüler meiner Klasse fangen an, ihre Eltern mitzubringen, und schon drehen sich die Gespräche nicht nur über Vorurteile gegenüber Tätowierten. Eltern in Krankheit und Scheidung erwarten eine tiefere Antwort, als wir Menschen sie zu geben in der Lage sind.

Am 26. 11. 1986 feiert Gerhard seinen 60. Geburtstag, immer noch im Krankenhaus. Besucher und Briefe sind kaum noch zu überblicken. Die Schwestern kommen mit einer Sahnetorte voller brennender Wunderkerzen, Sänger von JMEM nutzen die Situation zur Evangelisation. Gerhard, äußerlich inzwischen stark reduziert, eingefallen und erstmals ohne sein Markenzeichen, den »Irokesenhaarschnitt«, kann nur von der Liebe Gottes und der Gnade seines Lebens weitersagen. Das Entscheidende tritt in seinem Wesen immer klarer hervor. Letzte Anhänglichkeiten an sein altes Leben verlieren zunehmend an Wirkung. Er beschwert sich nicht, daß nun nach zwei Jahren Leben im Licht hier »alles aus« sein soll. Gerhard wächst innerlich weiter und kann andere stärken. Seine Gesichtszüge bekommen etwas Kindliches, Unschuldiges.

Kurz nach Gerhards Geburtstag besucht ihn Günther Klempnauer (»Ich will raus«, R. Brockhaus Verlag), um mit Gerhard und mir ein Interview für den WDR und ERF zu machen, das im März gesendet wird. Wie einige Monate zuvor Dr. Ulrich Brockhaus, so ist auch Klempnauer zutiefst beeindruckt von der schlichten Gottesnähe Gerhards.

»Würdest du an Gott verzweifeln, wenn du nicht wieder gesund wirst?«

Gerhard antwortet ihm ruhig und konzentriert: »Nein. Ich bete nur: Herr, dein Wille geschehe! So war ich an Stufen gelangt, wo ich mein Leben völlig aufgegeben habe. Ich hab natürlich gesagt: Wenn ich noch irgend etwas für dich tun kann, würde ich mich freuen, wenn du mir noch eine Zeit schenkst. Aber ich wäre genauso gerne eingeschlafen und zu ihm gegangen, weil ich weiß, daß dort Licht ist. Gott war in diesem Jahr so lieb und reich zu mir, daß ich es kaum fassen kann.«

Wenige Tage später spielte Klempnauer dieses Band Fritz Rau vor, Europas größtem Konzertmanager, der Rocky kennt. Er ist tief bewegt und gerät ins Fragen nach dem Grund für Gerhards Wandlung.

Kurz vor Weihnachten kommt Gerhard ins Tabea-Alten- und Pflegeheim nach Hamburg-Nienstedten. Medizinisch ist bei ihm nichts mehr zu machen.

Zur selben Zeit erscheint das Buch über sein Leben: »Rocky, der Mann mit der Maske.« Im Sontagsgottesdienst vor Weihnachten geht Hans, der einst Rocky am Altonaer Bahnhof angesprochen hatte, nach vorn und bittet, das Buch zu kaufen und ihm zu schenken, damit er es den Menschen auf dem Kiez weitergeben kann. 150 Gemeindeglieder kaufen daraufhin das Buch und drücken es Hans in die Hand. Auf der Reeperbahn schlägt eine »Granate« ein. Einige Zuhälter und Prostituierte verlassen die Kneipentheke, um ungestört Rockys Geschichte lesen zu können. Betretenes Schweigen. Manche rebellieren innerlich wie äußerlich gegen einen Weg, den sie sich nicht vorstellen wollen. Andere kommen ins Fragen. Eine Tätowierhöllen-Besitzerin ist bereit, das Buch weiterzuverkaufen. Die Mitarbeiterin einer Spielhölle betritt zum ersten Mal in ihrem Leben eine evangelische Buchhandlung, fragt verstohlen nach »Rockys Buch« und erzählt dann ihre Erlebnisse mit dem alten Rocky.

Gerhard ist inzwischen so schwach, daß er nur noch flüstern kann. Und dennoch wird die Besucherschar immer bunter: Da kommen ein Schweizer Soziologiedozent und ein schwuler St.-Pauli-Rausschmeißer,

Schulkinder und alte Diakonissen. Letzere haben vielleicht erstmals in ihrem Leben von einer solch radikalen Lebenswende gehört ...

Nach Neujahr verschlechtert sich Gerhards Zustand auf dramatische Weise. In seinem letzten Gebet sagt er, der einst gewalttätige Rocko (Rocker-Kommandant), dessen Gesichtszüge jetzt völlig entspannt sind: »Vater, ich gehe jetzt zu dir.« Noch einmal winkt er seinem Besuch zu, als wolle er endgültig von der Bühne gehen. Am nächsten Morgen (4. Januar 1987) wacht er nicht mehr auf. Gerhard ist tot.

Seine Gemeinde reagiert auf diese Nachricht mit dem Lied: »Die Güte des Herrn hat kein Ende.« Zwei Hamburger Zeitungen berichten ausführlich über Gerhards Leben und Tod. Menschen auf dem Kiez weinen. Viele haben ihn hier gemocht, weil er – gerade gegenüber Frauen – sehr sanft und einfühlsam sein konnte. Gerhards Gemeinde aber will nicht trauern. Gerhard ist beim Vater! Der Sieg Jesu ist festgemacht.

Für die Abschiedsfeier reicht die Friedhofskapelle nicht aus. Der Sarg wird in der Gemeinde aufgebahrt. Aus der Totenfeier wird eine Evangelisation. Am 15. Januar kommen neben 200 Christen auch 100 Nichtchristen, Leute aus St. Pauli, aus der Schwulen- und Showszene, Nachbarn und schaulustige Jugendliche, die sonst nie eine Kirche betreten würden. Es werden fröhliche Siegeslieder gesungen, und der Pastor spricht vom Heimkommen des verlorenen Sohnes und davon, daß Gerhard nicht den Vater gesucht hat, sondern daß der ihm in seiner Liebe stets nachgegangen war und ihn schließlich eingeholt hat.

Eine Polizeieskorte sichert den Weg zum Friedhof. Am offenen Grab – bei minus 15 Grad Frost – können auch einige Rocker ihre Tränen nicht mehr verbergen. Zwei Prostituierte flüstern sich zu: »Ja, wenn man *den* Glauben hat, dann kann man ruhig sterben.«

Ich spüre erstmals, wie sehr er mir fehlen wird. Viele fahren vom Grab ins Gemeindehaus zurück, wollen einfach nicht auseinandergehen. Wie Mosaiksteine aus Gerhards Leben sitzen hier der Tätowierer Theo, Elli Pirelli, Schüler, Punker und andere zusammen – hoffentlich nicht das letzte Mal. Gerhards Zeugnis kann weiterwirken. Das bleibt ein Gebetsanliegen.

(aus der Zeitschrift PUNKT 3/87, Bundes-Verlag Witten, mit freundlicher Genehmigung)